Ilona Einwohlt, geboren 1968, studierte in Frankfurt am Main und Granada Germanistik mit dem Schwerpunkt Kinder- und Jugendliteratur und Romanistik. Danach arbeitete sie als Lektorin in verschiedenen Verlagen, bevor sie sich als freie Lektorin und Autorin mit einem Büro für Kinder- und Jugendliteratur selbstständig machte.

Birte Müller, geboren 1973, studierte an der Fachhochschule für Gestaltung in Hamburg Illustration. Sie ist Diplomdesignerin und illustriert nicht nur Kinder- und Jugendbücher anderer Autoren, sondern schreibt auch selbst.

Unsere Adresse im Internet: www.fischer-tb.de

Frühlingsbär küsst Federvieh

Die schönsten Geschichten, Lieder und Gedichte

Herausgegeben von
Ilona Einwohlt

Mit Bildern von
Birte Müller

Fischer Schatzinsel

Fischer Schatzinsel
Herausgegeben von Eva Kutter

Veröffentlicht im Fischer Taschenbuch Verlag,
einem Unternehmen der S. Fischer Verlags GmbH,
Frankfurt am Main, Februar 2003

Umschlaggestaltung: Buchholz/Hinsch/Hensinger
Umschlagillustration: Birte Müller
Druck und Bindung: Clausen & Bosse, Leck
Printed in Germany
ISBN 3-596-85130-0

*Nach den Regeln der neuen Rechtschreibung,
falls nicht anders vom Autor gewünscht.*

Inhalt

Martin Baltscheit

Frühlingsbär und Winterbiene

Die Honigbiene sprach zum Bär:
»Ach, wenn doch endlich Frühling wär!
Dann wär es warm, ich könnte reisen
von allen bunten Wiesen speisen!

Den Winter würd ich schnell vergessen
und hätte jeden Tag zu essen.
Ich flöge munter hin und her.
Ach, wenn doch endlich Frühling wär!«

Da sprach der Bär, noch ganz benommen:
»Ich glaub, der Frühling wird nicht kommen,
denn noch lieg ich im Winterschlaf
für eine Weile, warm und brav.«

Die Honigbiene rief: »So 'n Scheiß!
Solang der schläft, wird es nicht heiß!
Wird weder warm noch blütenbunter.
Ach, blöder Bär, wach auf, werd munter!«

Aber der Bär war ganz entschieden
für seinen Schlaf in Bärenfrieden
und drehte sich mit viel Gebrumm
nur auf die andre Seite um.

Jetzt aber hört, wie da die Biene
zu bösem Spiel mit guter Miene
den Plan der Pläne sich ersann
und griff den Bär von hinten an!

Mit blankem Stachel – Überfall! –
stach sie den Bären überall
und brachte ihn auf diese Art
mit Stich um Stich in Bärenfahrt.

Der Bär sprang auf, stürmte hinaus,
rannte gleich zweimal um sein Haus.
Der Winter sah's und musste lachen,
vergaß den Frühling zu bewachen.

Der Winter schmilzt, der Frühling siegt,
die Sonne scheint, die Biene fliegt!
Sie breitete die Flügel beide
und flog zur Arbeit auf die Weide.

Der Bär war sauer und verbittert,
doch plötzlich er den Honig wittert
Die Biene rief: »Ach Bär, hab Dank!«,
und stellt' zwei Krüge in den Schrank.

Der Bär rief: »Biene! Dank auch dir!
So einen Frühling lob ich mir!«,
und ging mit großem Bärenschritt
zum Schrank und nahm die Krüge mit.

Den Winter macht …? Wir wissen wer!
Es ist der treue Schlaf vom Bär.
Den Frühling aber bringt für dich
der kleinen Biene Bienenstich!

Josef Guggenmos

Vom Igel, der Hunger hatte

Die Stirn in Falten, trippelte der Igel dahin. So klein er war, so groß war sein Hunger.
Von Zeit zu Zeit hielt er inne und hob die Nase. Roch das nicht nach Apfel? Auf seine Nase konnte er sich verlassen. Aber da lag kein Apfel. So weit die kurzsichtigen Augen reichten, war nichts zu sehen als dieses merkwürdige glatte Feld – und gar nichts darauf.
Keine Schnecke saß da und wollte sich fressen lassen. Keine Maus spitzte aus ihrem Loch, der man hätte zeigen können, wie flink so ein behäbiger Herr Igel auf einmal laufen kann. Und nicht ein einziges Blättchen kündigte irgendwo eine Wurzel an, die zur Not ein Loch im Magen gestopft hätte.
So etwas war ihm noch nicht begegnet, und er hatte doch schon so manchen lieben Abend seine Stacheln durch die Welt getragen. Entweder roch es nach Apfel, und dann war da auch irgendwo ein Apfelbaum, unter dem es stets etwas zu finden gab. Oder es roch nicht nach Apfel, und dann brauchte man sich nicht zu wundern, wenn man keine Äpfel fand.
Hier aber schwamm ein Apfelgeruch, wie er noch nie seine Nase gekitzelt hatte; von allen Seiten zugleich

schien er zu kommen; das Wasser lief einem nur so im Munde zusammen, – doch von Äpfeln war keine Spur! Die vier kurzen Beine wurden müder und müder, der Hunger wurde größer und größer, und der Apfelgeruch blieb immer gleich stark. Schließlich setzte sich der Igel nieder. Er konnte nicht mehr. Ach, es war ein jämmerliches, kränkendes Ende, so Hungers zu sterben, den herrlichsten Apfelgeruch in der Nase! Mehr als ein Fuchs hatte schon seine Nase an ihm blutig ge-

stoßen. Fünf furchtbare Kreuzottern, an die sich gar manches große und starke Tier nicht wagte, hatte er nach wildem Kampfe überwältigt und, den Kopf voran, aufgefressen. Und so ruhmlos musste er nun zugrunde gehen! Nein, das war kein Tod, eines Igels würdig! Aber was half's.

Bekümmert und erschöpft kugelt sich der Igel zusammen, um so sein Ende zu erwarten. Bei dieser Bewegung streifte seine Schnauze zufällig den Boden. Wie sich dieser seltsame Boden anfühlte … Und wie dieser Boden roch!

Mit einem Satze stand er wieder auf den Beinen. Der Boden selber roch nach Apfel! Und er fühlte sich genauso an wie eine Apfelschale!

Da hatte er also seinen Hunger auf einem riesigen Apfel herumgetragen, ja, es hätte nicht viel gefehlt, dann wäre er noch auf ihm verhungert!

Es konnte nicht anders sein: die Erde selber war zu einem einzigen Apfel geworden.

Wie das zugegangen sein mochte, wollte sich der Igel später einmal überlegen. Fürs Erste hatte er nichts als Hunger.

Denn wenn das ein Apfel war, dann musste man auch hineinbeißen können!

Gedacht, gebissen. Und wirklich, es schmeckte, wie es gerochen hatte: wunderbar!

Und nun tat der Igel, was jeder andere Igel an seiner Stelle auch getan hätte: er begann zu fressen und war entschlossen, so schnell nicht mehr aufzuhören.

Ein einziges Mal regte sich sein Gewissen. Ja, ging es denn an, so mir nichts, dir nichts die Erde zu verspeisen?

Ach was – nach diesem garstigen Hunger wollte er sich jetzt satt fressen für den Rest seines Lebens! Der Igel wusste nicht, wie es zugegangen war: auf einmal war von dem Riesenapfel nur noch ein Rest übrig. Ach, einen Bissen noch! Und dann dachte der Igel nichts mehr in seinem kleinen Hirn, bis auch noch der letzte Bissen in seinem Magen verschwunden war. Da hatte er nun also die ganze zum Apfel gewordene Erde verzehrt. Worauf aber sollte er jetzt noch stehen? O Entsetzen, da hatte er etwas angerichtet! Der Igel sah in einen tiefen schwarzen Abgrund. Und schon begann er zu fallen, immer schneller, immer schneller – und erwachte aus seinem Winterschlaf!

Vorsichtig rollte er sich auf. Ja, er lag noch in seinem Laub gepolsterten Nest unter dem Reisighaufen, und ein wenig Frühlingssonne drang schon bis zu ihm herab. Nun hatte er also glücklich den langen bösen Winter verschlafen, und von dem ganzen Traum war nichts wahr gewesen als – sein Hunger.
Seufzend streckte der Igel der Reihe nach seine steifen Glieder. Ja, das Schmerbäuchlein, das er sich im letzten Herbst vorsorglich angefressen hatte, war bedenklich zusammengeschrumpft.
Aber da ein Würmchen und dort ein Käferchen fand er bestimmt auf seinem ersten Gang. Und dann kam der

lange, schöne Sommer. Und nach dem Sommer kam wieder ein unermesslich reicher Herbst. Ja, herrliche Monate lagen vor ihm. Und es war doch gut, dass er in seinem Hunger nicht gleich die ganze Erde aufgefressen hatte!

Sabine Ludwig

Fanny fängt den Frühling

»Den Frühling sollen wir malen, so was Blödes!«, schimpft Fanny und pfeffert ihre Schultasche in die Ecke.
»Sommer ist einfach, da male ich gelben Strand und blaues Meer und mich in meinem neuen grünen Badeanzug. Im Herbst mach ich alles braun und gelb und rot, das ist der Herbstwald. Und im Winter lasse ich das Blatt einfach weiß. Aber der Frühling ist einfach nur doof.«
»Von wegen doof«, sagt Mama. »Wunderbar ist der Frühling, die vielen Blumen, die Luft. Riech doch mal …« Sie öffnet das Fenster.
Auf der Straße donnern Autos vorbei.
Fanny rümpft die Nase. »Ich finde, es stinkt wie immer.«
Mama macht das Fenster wieder zu. »Ich hab eine Idee. Wir lassen das Mittagessen Mittagessen sein, machen uns ein paar Brote und fahren in den Botanischen Garten, da stinkt es bestimmt nicht.«
Fanny mag den Botanischen Garten. Im Palmenhaus gibt es einen Wasserfall und einen Teich mit Schildkröten und dicken fetten Goldfischen, die man anfassen kann. Hält man den Finger ins Wasser, schnappen sie zu, aber es tut überhaupt nicht weh. Und dann ist da noch die Mi-

mose, wenn man die berührt oder anhustet oder laut ruft: »Du blöde Mimose, du!«, klappt sie Zweige und Blätter ein und sieht furchtbar beleidigt aus.
Aber heute will Mama nicht ins Palmenhaus, sie will auch keine Kakteen oder Orchideen anschauen, sie will einfach nur auf der Bank unter dem Fliederbusch sitzen und den Frühling angucken.
»Sieh mal, Fanny, so viele verschiedene Grüntöne gibt es nur jetzt. Von ganz zartem Gelbgrün bis hin zu dunklem Tannengrün. Und der Apfelbaum hat einen zartrosa Schimmer, das sind die Blütenknospen.«
Fanny muss an ihr Bild denken. »Ich male eine rote Tulpe in einem braunen Beet, basta!«
»Keine Osterglocke?«, fragt Mama und zeigt auf ein Beet mit Narzissen. Manche sind durch und durch gelb, andere außen weiß und innen orange oder außen orange und innen weiß.
»Die sind ja schon verwelkt«, sagt Fanny und beißt in ein Käsebrot.

»Ja, leider«, sagt Mama. »Das geht immer so schnell. Jedes Jahr nehme ich mir vor, den Frühling einzufangen und festzuhalten.« Sie lacht. »Aber das geht ja nicht.«
Fanny sieht Mama auf einem Pferd durch den Botanischen Garten galoppieren und dabei ein Lasso schwingen.
»Als ich so alt war wie du«, erzählt Mama, »da war der erste Frühlingstag für mich der, an dem ich Kniestrümpfe anziehen durfte und nicht mehr diese ollen, kratzigen Strumpfhosen. Kaum schien die Sonne, zwitscherten die Vögel, hab ich meiner Mutter in den Ohren gelegen. ›Darf ich Kniestrümpfe anziehen? Bitte, bitte!‹ Manchmal hat sie nachgegeben, obwohl es draußen noch ganz kalt war, dann kam ich mit blau gefrorenen Knien wieder heim.« Mama seufzt. »War das schön.«
Fanny versteht zwar nicht, was an blau gefrorenen Knien schön sein soll, aber sie mag es, wenn Mama von früher erzählt.
»Und was hast du im Frühling draußen gemacht?«
»Wir sind Rollschuh gelaufen. Ich hatte ganz schreckliche mit Eisenrädern, die machten vielleicht einen Krach. Mein größter Wunsch waren Rollschuhe mit Gummireifen und roten Lederriemen. Ach ja …« Mama seufzt schon wieder. Dann schließt sie die Augen und hält das Gesicht in die Sonne. »Es müsste immer Frühling sein.«
Ein kleiner Spatz sitzt vor ihrer Bank, erwartungsvoll legt er den Kopf schief. Fanny hält ihm einen Brotkrümel

hin. Sie hält die Finger ganz ruhig, und der Spatz frisst ihr wirklich aus der Hand. »Mama!«, ruft Fanny, aber Mama hat es nicht gesehen, sie döst. Richtig glücklich sieht sie aus, nicht so angestrengt und besorgt wie so oft. Ich fange für Mama den Frühling ein, beschließt Fanny. Sie hebt ein kleines Federchen auf und steckt es in den leeren Brotbeutel. Als Nächstes wandert ein besonders grünes Blatt hinein, wie frisch gelackt glänzt das Grün. Und natürlich Fliederblüten, in Dunkelviolett und Zartlila. Fanny staunt, dass so kleine Blüten so duften können. Und schmecken. Mama hat ihr gezeigt, wie man aus dem hohlen Stil den süßen Nektar aussaugen kann.
Fanny hebt abgefallene Tulpenblätter auf, scharlachrote, weiße und gelbe mit rosa Streifen. Sie läuft die Wege auf und ab, fühlt, riecht, sieht und sammelt. Ihr Beutel ist fast voll.
»Fanny?«, ruft da Mama. »Fanny, wo bist du denn?«

Zu Hause setzt sich Fanny an die Schularbeiten. Den Beutel mit dem Frühling darin hat sie in ihrem Schrank versteckt. Damit wird sie Mama vor dem Schlafengehen überraschen. Aber erst muss sie noch das Frühlingsbild malen. Sie kaut auf dem Pinselstiel. Eine rote Tulpe in einem braunen Beet? Langweilig. Im Botanischen Garten wachsen die Tulpen mitten auf der Wiese. Fanny taucht den Pinsel erst in das grüne, dann in das rote Näpfchen. Und hier ist noch Platz für den Fliederbusch.

Sie vermischt Violett mit Deckweiß, schwer hängen die Blütendolden herab. Auf die Äste eines Apfelbaums tupft sie ganz vorsichtig etwas Rosa und etwas Hellgrün. Zum Schluss noch ein strahlendblauer Himmel mit einer winzig weißen Wolke darin. Fertig.
Nun aber schnell den Frühling ausgepackt.

»Fanny, warum weinst du so?« Mama steht im Zimmer. »Was ist denn passiert?«
Fanny hockt vor einem Häufchen welker Blätter.
»Der Frühling«, schluchzt sie. »Ich wollte den Frühling für dich fangen.«

Mama hebt ein Tulpenblatt auf, das gelbe mit den rosa Streifen. Ganz braunfleckig ist es und hat sich eingerollt. Die Fliederblüten sind vertrocknet und duften nicht mehr. Das glänzend grüne Blatt ist nur noch grün.
»Ach Fanny«, sagt Mama. »Das war lieb gemeint, aber den Frühling kann man nicht …«
Warum spricht Mama nicht weiter?
»Man kann doch! Du hast ihn eingefangen, Fanny!«, ruft Mama. »Hier!« Sie hält Fannys Hausaufgabe hoch.
»Da ist der Frühling, genauso wie wir ihn heute gesehen haben, und er wird nie vergehen.«

Jetzt sieht Fanny es auch. Das Bild vom Frühling, ihr Bild ist wirklich wunderschön. Die Bank unter dem Fliederbusch sieht zwar aus, als würde sie jeden Augenblick zusammenbrechen, aber der Flieder! Der ist echt, viel echter als die verkrumpelten Blüten in ihrer Hand. »Das Bild müssen wir morgen abgeben«, sagt Fanny.

»Phh«, macht Mama. »So ein Kunstwerk gebe ich nicht her. Ich schreibe deiner Lehrerin, dass sie es sich angucken kann und meinetwegen auch zensieren, aber dann will ich es wieder haben. Ich rahme es ein und hänge es über mein Bett. Dann wache ich jeden Morgen im Frühling auf …«

»… und schläfst jeden Abend im Frühling ein«, ergänzt Fanny und wischt sich die Tränen ab.

Heinrich Hoffmann von Fallersleben

Alle Vögel sind schon da

Melodie: Volkslied aus Schlesien

2. Wie sie alle lustig sind, flink und froh sich regen! Amsel, Drossel, Fink und Star und die ganze Vogelschar wünschen dir ein frohes Jahr, lauter Heil und Segen.

3. Was sie uns verkünden nun, nehmen wir zu Herzen: Wir auch wollen lustig sein, lustig wie die Vögelein, hier und dort, feldaus, feldein, singen, springen, scherzen.

Jürg Schubiger

Ein Bärenjahr

Der Winterschlaf ist so lang wie der Winter. Und der Winter ist endlos. Seit November hatte ich den jungen Bären nicht mehr gesehen. Ich fragte mich manchmal, wozu ich eigentlich wach war. Und manchmal fragte ich mich natürlich auch nicht, an Weihnachten beispielsweise.

Der erste warme Tag war Anfang März. Ich ging zu den Bären hinauf und klopfte. Niemand kam. Aber ich hörte Schnauben und Scharren. Die Bären ließen sich Zeit mit Erwachen.

Als ich das nächste Mal klopfte, zwei Tage später, roch es schon nach Kaffee. Der junge Bär, der mit mir zur Schule ging, wenn er nicht schlief, machte die Tür auf.

Herein, sagte er und zeigte auf seine Familie: Das ist meine Großmutter, das ist meine Mutter, das ist mein Vater.

Die Bären saßen beim Frühstück. Guten Morgen, bellten sie. Über den Winter schienen sie vergessen zu haben, dass wir uns kannten.

Und ich?, fragte die kleine Bärin, die unter dem Tisch lag und von einem Tischbein zum anderen rollte.

Das ist meine Schwester, sagte der junge Bär.

Und das ist unser Frühstückstisch, rief die Großmutter.
Freut mich, sagte ich.
Wir freuen uns auch, gab die Mutter zurück.
Der junge Bär bot mir einen Stuhl und einen Teller an. Ich setzte mich und aß mit. Ich schmatzte ebenso laut wie die Bären. Nun, fragte ich mit vollem Mund, wie ist denn der Winter gewesen?
Stockfinster, brummte die Mutter.
Wir hatten halt die Augen geschlossen, sagte der junge Bär, die Schnauze im Teller, mit einem Blick nach meiner Seite hin.
Was soll das heißen?, fragte die Mutter.
Nicht der Winter ist dunkel, soll das heißen, sondern der Schlaf, erklärte der junge Bär.
Unter dem Tisch herauf kam die Stimme der kleinen Bärin:
Der Winterschlaf, der Winterschlaf.

Sie probierte das Wort ein paar Mal aus.
Die Großmutter hob die schwarze Nase und sang:
Das Winterschaf, das Winterschaf
blökt drüben unterm Weißdornstrauch …
Die Mutter wandte sich zu mir: Und was macht die Schule?
Wie immer, antwortete ich.
Der Vater, der selber nie zur Schule gegangen war, wusste Bescheid: Da ist der Lehrer, der erzählt. Und dann fragt er die Schüler nach dem, was er eben erzählt hat, und die Schüler erzählen es ihm zurück.
Der junge Bär und ich lachten.
Ich hatte die Schulsachen bei mir, Bücher und Hefte und einen Umschlag mit Arbeitsblättern. So konnte ich dem jungen Bären zeigen, was wir im Winter durchgenommen hatten. Es war nicht viel. Die Zwölferreihe, ein paar

schwierige Wörter, zum Beispiel den Unterschied zwischen Bären und Beeren, dann etwas über den Schnee und etwas über Tiere und wie sie den Winter verbringen.
Der junge Bär, der alles sofort und genau wissen wollte, machte mit seiner Schnauze einen großen Fleck auf das Arbeitsblatt *Zugvögel*.
Ich habe vom Schnee geträumt, sagte er.
Was denn?, fragte die Großmutter.
Dass er alles zudeckt.
Die Großmutter rief:
Das tut er, das tut er. Der Schnee ist ein weißes Fell!
Ich nahm ein Blatt aus dem Ordner und las vor: »Der Braunbär. Er ist das schwerste Raubtier Europas. Er wiegt zwischen 150 und 250 Kilogramm. Besonders kräftige Exemplare können ein Gewicht von 350 Kilogramm erreichen. Die Länge des ausgewachsenen Bären beträgt zwei Meter und mehr. Während der Winterruhe sinkt seine Körperwärme und sein Herz schlägt langsamer.«
Wunderbar, brummte der Vater, wunderbar.
Die Mutter nickte langsam.
Der junge Bär sagte: Das alles habe ich verschlafen!
Der Braunbär, wiederholte der Vater, das schwerste Raubtier Europas!
Ich las weiter: »Der Bär hat einen schaukelnden Gang. Er ist ein Passgänger, wie das Kamel.«
Die Mutter schnaubte. Der Vergleich mit dem Kamel gefiel ihr nicht.

Der Vater fing an in der Höhle herumzugehen und der junge Bär folgte ihm.
Sie probierten den Passgang aus, zwei rechts, zwei links, doch irgendwie kamen die Beine ihnen dabei in die Quere. Um das Gleichgewicht wiederzufinden, setzten sie sich auf die zottigen Hinterteile. Sie schauten der kleinen Bärin zu, die in einem schönen, runden Passgang auf sie zukam.
Und ich?, fragte sie.
Bei meinem nächsten Besuch, es war ein Sonntag vor den Sommerferien, fand ich die Bären im Freien.
Guten Tag, grüßte ich.
Wir freuen uns über deinen Besuch, junger Mensch, sagte die Mutter und lachte mit allen Zähnen.
Die Großmutter sang:
Ein junger Mensch, ein junges Tier,
die liefen durch den Morgen hier,
der eine kreuz, der andere quer,
der eine hatte ein Gewehr,
der andere war ein junger Bär.
Die Mutter summte und brummte mit. Und plötzlich fragte sie mich: Haben wir uns schon getroffen? Du riechst wie ein Mitschüler des jungen Bären. Ein kluger Bursche, muss ich schon sagen.
Aber er ist es doch selber, murrte der junge Bär.
Die Mutter schaute mich an: Das hab ich mir gleich gedacht.

Ich hatte der kleinen Bärin ein Geschenk mitgebracht: eine Puppe mit einem roten Röckchen und winzigen, schwarzen Schuhen. Die kleine Bärin, dachte ich, würde eine Menschenpuppe mögen, wie ich meinen Teddybären mochte. Ob sie sie mag, weiß ich bis heute nicht sicher. Sie streckte beide Tatzen aus, packte die Puppe, roch daran und trug sie weg.
Nach einer Weile kam sie ohne die Puppe zurück.
Sie hat das Ding wohl vergraben, sagte der Vater.
Wir saßen im Schatten am Rand eines Hügels und schauten hinaus. Eine Wolke, hoch oben, wurde dünner und dünner. Sie löste sich im blauen Himmel wie in Wasser auf. Unten fuhren die Autos hintereinander her. Ihre Fenster blitzten.
Was gibt's Neues?, erkundigte ich mich, da mir nichts Besseres einfiel. Der Vater zeigte mit der gestreckten Tatze hinaus. Zum Beispiel die Sonne, sagte er.
Die Sonne?, frage ich.
Der junge Bär sagte: Die ist doch gestern, vorgestern schon da gewesen, immer bei schönem Wetter.
Ja. Und? Die Stimme der Mutter grunzte ein wenig.
Was öfter geschieht, kann nicht jedes Mal neu sein, erklärte der junge Bär. Die Sonne ist heute nicht neu, weil sie nämlich etwas vom Ältesten ist, was es gibt. Ist doch logisch.
Der Vater nickte. Die Mutter nickte nicht. Hast du das in der Schule gelernt?, fragte sie.

Die Großmutter sang:
Neu und alt,
heiß und kalt,
weiß und schwarz,
Honig und Harz.

Der Vater hatte nachgedacht. Er sagte: Wir nennen die Dinge eben auch dann neu, wenn sie *wie* neu sind. Die Sonne ist heute wie neu, junger Bär. Auch dein Freund ist wie neu.

Die Sonne ist heute viel neuer als sonst!, rief die Mutter.

Die kleine Bärin hatte die Puppe zwischen den Zähnen herumgetragen und sie schließlich auf ein Graspolster gelegt. Und ich?, fragte sie.

Du auch, sagte die Mutter. Und zu uns: Ist sie etwa nicht neu?

Die kleine Bärin blieb neben ihrer Puppe sitzen, schaute sie aber nicht an. Vielleicht fürchtete sie sich vor ihr oder

sie war böse auf sie. Einmal wandte sie ihr doch den Kopf zu und fragte: Warum sagst du nichts? und gab mit einer hohen Puppenstimme gleich auch die Antwort: Weil ich noch klein bin. Dann beendete sie das Gespräch mit ihrer eigenen Stimme: Na also.
Ich machte ein Foto von der ganzen Familie.

Mein letzter Besuch war im Herbst. Ich habe die Bären seither noch nicht wieder gesehen. Wir saßen am Eingang der Höhle. Die dürren Blätter wehten in Schwärmen vorbei.
Ich habe vom Schnee geträumt, sagte der junge Bär.
Was denn?, fragte die Großmutter.
Dass er fiel und fiel, mehr ist mir nicht geblieben.
Ist doch die Hauptsache, bellte die Großmutter.
Der Vater sagte: Der Schnee ist weiß. Das gehört auch dazu. Weiß. Er gähnte.

Schneeweiß, bestätigte die Mutter, weil der Winter stockfinster ist.
Und ich?, fragte die kleine Bärin.
Du nicht, sagte der junge Bär.
Die kleine Bärin stellte sich auf die Hinterbeine.
Du bist schön braun, tröstete der Vater.
Die kleine Bärin, die eigentlich nicht mehr so klein war, schnaubte: Ich will aber nicht schön braun sein.
Wir sind alle schön braun, sagte die Mutter.
Und die Großmutter: Schafe sind weiß. Sie sang:
Das Winterschaf, das Winterschaf
blökt drüben unterm Weißdornstrauch,
das Sommerschaf, das Sommerschaf blökt auch,
und zwar in meinem Bauch.
Die Großmutter seufzte im schweren Fett, das sie sich angefressen hatte. Neben ihr saß die kleine Bärin und neben der kleinen Bärin saß die Puppe – ohne ihre schwarzen Schuhe, mit bloßen Füßen. Auch das Röckchen fehlte. Sie war am ganzen Körper jetzt so dunkelbraun wie eine Bärin. Das Weiß ihrer Augen glänzte noch. Ich machte ein Foto.

Wir schwiegen.
Was werde ich diesmal verschlafen?, fragte der junge Bär. Er dachte an den langen Winter. Ich auch. Er war traurig. Das Traurigsein gehört bei den Bären zur Müdigkeit vor dem Winterschlaf. Bei den Menschen gehört es zum Abschied.
Ich werde dir alles erzählen, sagte ich, alles zeigen, alles erklären, wenn du wieder wach bist.
Vielleicht lernt ihr etwas über das Leben der Fische unter dem Eis, sagte die Mutter.
Der Vater sagte: Oder ihr redet über das Leben der Menschen, die im Winter wach bleiben, damit sie den St. Nikolaus nicht verpassen. Damit sie Skifahren können.
Die Menschen machen Lärm, sagte die Mutter. Manche von ihnen riechen komisch, die übrigen stinken. Sie fahren in Autos herum und in Eisenbahnen. Sie denken, rasch sei besser als langsam.
Und wenn sie gehen, sagte der Vater, dann immer auf den beiden hinteren Beinen, die vorderen, mit denen sie schlenkern, nennen sie Arme. Sie stellen Gegenstände her, die ihnen zu etwas nützen, und sie leben auch mitten in solchen Gegenständen, als gehörten die zur Familie. Der Vater kratzte sich lange. Die Menschen können ihr Fell ausziehen und mit Kleidern vertauschen, fuhr er fort. Sie mögen den Bienenhonig – wie wir auch. Sie mögen den Salat – wie wir auch. Wir haben ihn lieber mit Schnecken.

Pause. Dann sagte die Mutter noch: Die Menschen stecken ihre kurzen Nasen in alle fremden Angelegenheiten.

Die Bären schlafen nun schon seit dreiundsechzig Tagen. Ich habe ein Foto neben meinem Bett, auf dem die ganze Familie zu sehen ist. Zehn Bärenaugen schauen mich an – die Augen der Puppe nicht mitgerechnet. Für zwei Menschenaugen ist das fast zu viel.

Sigrid Heuck

Palmkätzchen

An einem schönen Vorfrühlingstag kam Nicki nicht von der Schule heim.

Unten, im Talboden, war der Schnee schon fast geschmolzen. Der Seidelbast blühte an den Waldrändern, und im Gletscherbach tauchten die Wasseramseln.

Für die Leute im Tal war der Frühling gekommen. Doch oben, dort, wo der Nicki mit seiner Familie wohnte, war es immer noch Winter. Voll Sorge betrachtete der Vater den immer kleiner werdenden Heuvorrat. Es ist noch viel Schnee da, dachte er. Viel zu viel. Die Sonne hat noch keine Kraft.

Zuerst wusste niemand, warum der Nicki nicht heimgekommen war. Er war, wie immer, mit seiner Schwester Anna zur Schule gegangen. Den ersten Teil des Weges waren sie mit dem Rodelschlitten gefahren, und dann, als der Weg braun und matschig wurde, hatten sie den Schlitten stehen gelassen und waren gelaufen. Doch auf dem Heimweg hatte Nicki seine Schwester nur bis zur Schneegrenze zurückbegleitet.

»Geh schon vor«, hatte er zu ihr gesagt. »Ich muss noch was besorgen.« Und dabei hatte er so ernst geschaut, dass die Anna nicht weiter zu fragen gewagt hatte.

Also war sie allein weitergegangen. Es war ihr warm geworden, deshalb war sie oben am Hang stehen geblieben, um sich auszuruhen. Sie hatte sich umgedreht und nach dem Nicki Ausschau gehalten. Doch er war spurlos verschwunden.
So war sie auch allein heimgekommen. Sie kannte ja den Weg. Mit ihren sieben Jahren war sie nur ein Jahr jünger als ihr Bruder. »Nicki kommt später«, hatte sie der Mut-

ter gesagt. »Er muss noch was besorgen.« Und die Mutter hatte ärgerlich brummend damit begonnen, die Suppe auszuteilen.

Sie lebten zu fünft auf dem Hof. Da waren der Vater und die Mutter, Nicki, Anna und der Großvater. Sie waren nicht reich, aber für fünf Personen gab es immer satt zu essen.

Am frühen Nachmittag jenes Tages, an dem Nicki nicht von der Schule heimgekommen war, wurde es auch in der Höhe warm.

Ein dünner Föhnwolkenschleier zog sich über den Himmel, und die Berge schienen zum Greifen nahe. Vom Dach tropfte und rieselte Tauwasser. Nickis Mutter putzte Fenster. Übermorgen war Palmsonntag. Bis dahin sollte das Haus sauber sein.

Plötzlich erstarrte sie. Es donnerte. Das Poltern wurde lauter und ebbte dann wieder ab.

Obwohl ihr das Geräusch bekannt war, erschrak die Mutter.

Nur einmal im Jahr ging über der Klamm eine Lawine ab. Doch diesmal hatte es besonders laut geklungen.

Jetzt war es wieder still.

Da fiel ihr ein, dass der Nicki immer noch fehlte. Sie machte sich auf die Suche nach dem Vater. Sie fand ihn im Hof, wo er mit einer Hacke Gräben zog, damit das Tauwasser abfließen konnte.

»Nicki ist immer noch nicht da«, sagte sie.

»Er wird sich irgendwo herumtreiben.«
»Aber es wird schon bald dunkel.«
Die Sonne stand tief über dem gegenüberliegenden Gratrücken.
»Was sagte denn die Anna?«, fragte der Vater.
»Die Anna weiß gar nichts.«
»Und wo hat sie ihn zuletzt gesehen?«
»Unten am Steg. Dort, wo sie den Schlitten stehen lassen.«
»Na gut«, brummte der Vater. Er räumte noch einen Stein aus der Rinne. Dann lehnte er die Hacke an die Schuppenwand.
»Ich geh ja schon.«
»Ja, ja«, drängte die Mutter. »Aber beeil dich!«
Er holte sich seine Jacke aus dem Haus und begann den Abstieg. Als er den Steg erreichte, verschwand die Sonne hinter dem Grat. Es wurde kühler. Von Nicki entdeckte er keine Spur. Er wird ins Tal zurückgelaufen sein, dachte der Vater. Aber er glaubte es selbst nicht. Es war nicht Nickis Art, einfach wegzubleiben.
Der Vater beschleunigte seine Schritte. Jetzt rannte er fast den steilen Weg hinunter.
Am Dorfrand begegnete er dem alten Marschner.
»'n Abend«, begrüßte ihn der Alte. »Was machst denn du noch so spät bei uns hier unten?«
»Ich such den Nicki.«
»Den Nicki?« Der Marschner überlegte. Er war schon sehr

alt, und es dauerte eine Weile, bis er begriff. »Warum?«
»Weil er nach der Schule das Heimkommen vergessen hat.« »So, hat er das?«
Nickis Vater starrte ihn ungeduldig an. »Vielleicht weiß der Peter, wo er ist?«, fragte er. Der Marschner Peter ging in Nickis Klasse.
»Wenn du meinst, dann frag ihn doch selbst. Er ist daheim.«
Als der Vater die Küche betrat, hielt der Peter gerade einen Weidenzweig in der Hand und prüfte die Knospen. Vor ihm auf dem Boden stand ein mit Wasser gefüllter Tränkeimer.
»'n Abend«, grüßte Nickis Vater.
Peter ließ sich nicht stören. Er fand den Zweig offensichtlich in Ordnung. Deshalb steckte er ihn in den Eimer und zog einen anderen aus einem auf dem Tisch liegenden Bündel. »'n Abend.«
»Ist der Nicki bei euch?«
»Nein.«
Dieser Zweig missfiel dem Peter. Er warf ihn zur Seite.
»Weißt du, wo er sein könnte?«
»Er wollte nach der Schule Palm schneiden.«
»Der Nicki? Palm?«, fragte der Vater ungläubig.
»Und warum nicht?«
»Weil er noch nie Palm geschnitten hat.«
»Aber er wollte gern. Übermorgen ist doch schon Palmsonntag.«

Jetzt erinnerte sich der Vater daran, dass Nicki ihn vor einigen Tagen danach gefragt hatte. Doch er hatte ihm erklärt, dass die Kinder auf einem so hochgelegenen Hof viel zu weit laufen müssten, um Weidenbüsche mit Palmkätzchen zu finden.
»Aber der Pfarrer hat uns erzählt, dass es eine Huldigung ist für unseren Herrgott«, hatte der Nicki eingewendet. »Und dann hat er noch gesagt, dass ihn die Leute damals, bei seinem Einzug nach Jerusalem, mit Palmzweigen begrüßt hätten. Aber weil bei uns ja keine Palmen wachsen, nehmen wir halt Weidenzweige. So eine Begrüßung ist doch eine wichtige Sache?«
»Und die Bonbons, die Schokoladeneier und das Geld, das ihr für die Palmsträuße auf den Höfen bekommt, auch«, hatte der Vater geantwortet.
Darauf hatte der Nicki nichts mehr gesagt, und sein Vater hatte das Gespräch vergessen.
Der Marschner Peter stellte gerade den letzten Zweig in den Eimer. »Soviel ich weiß, wollte er in die Klamm«, sagte er. »In der Schule haben sie erzählt, dass die Weiden dort die dicksten Knospen haben.«
»In die Klamm! Um Gottes willen!«
Auch der Vater hatte die Lawine gehört, die in den frühen Nachmittagsstunden dort abgegangen war. Und deshalb handelte er rasch. In kurzer Zeit hatte er ein paar Männer gefunden, die ihm helfen wollten. Sie nahmen Lampen mit und Schaufeln und lange Stecken.

Es war schon ziemlich dunkel, als sie sich auf den Weg machten. Die Meisen und die Wasseramseln schliefen schon.
Es war kalt geworden. Der Boden gefror schon wieder.
Nickis Vater machte sich Vorwürfe. Sein Sohn hatte sich nur an einem Brauch beteiligen wollen. Er hätte ihm so leicht dabei helfen können. Er hätte ihm zeigen können, wie man die Weiden ins Wasser stellt, damit die Knospen aufgehen, und wie man sie dann mit Buchsbaumzweigen in kleine Sträuße bindet. Später wurden sie auf einen langen Stock gesteckt, den die Jungen während der Messe am Palmsonntag zum Altar vortrugen, damit der Pfarrer ihn weihen konnte.

Es war ein schöner alter Brauch. Kein Wunder, dass der Nicki mitmachen wollte.
Die Männer beeilten sich. Keiner redete. Am Steg bogen sie nach links ab und querten den Hang, bis sie den unteren Teil der Klamm erreichten.

»Nicki«, brüllte der Vater. »Nicki, wo bist du?«
Es blieb alles still.
»Nicki!«
Weiter unten im Tal schrie ein Käuzchen.
Sie gingen weiter.
Als sie um den nächsten Buckel kamen, sahen sie die Lawine. Sie war nicht wie sonst durch die Klamm gekommen.
Sie musste sich oben gedreht haben. Dann hatte sie den Einstieg in den Graben verfehlt, war nicht den Wasserfall hinuntergestürzt, sondern seitlich vorbeigeschossen. Zuletzt hatte sie im unteren Teil das Bachbett verschüttet. Riesige Nassschneebrocken, vermischt mit entwurzelten Bäumen, Steinen und Dreck waren dort aufgestaut.
Erschrocken blieben die Männer stehen.
»Nicki! He, Nicki!«
Der Vater rannte und stolperte über den Schnee und versuchte, die Brocken zur Seite zu schieben.
»Komm, lass das«, sagte der Marschner. »So hat's keinen Sinn. Wenn wir Glück haben, war der Nicki im oberen Teil des Bachbettes, als die Lawine herunterkam.«
Wenn wir aber kein Glück haben, dachte der Vater, dann ist er jetzt tot.
Sie überquerten den Schneekegel und kletterten an seinem rechten Rand hoch. Ab und zu blieben sie stehen, und einer der Männer legte seine Hände um den Mund und schrie:

»Nicki! Hallo! Wo bist du?«

Und auf einmal hörten sie ganz leise eine klägliche Stimme. »Hier, hier bin ich!«

Sie fanden ihn in einem kleinen Hohlraum unter einem Felsvorsprung.

Nicki hatte im mittleren Teil der Klamm Weiden geschnitten, als es hoch über ihm zu poltern begann. Es war ihm sofort klar gewesen, was das bedeutete, und er hatte sich schnell unter die Felsnase geduckt. Wie ein Wasserfall war die Lawine über den Felsen gestürzt und hatte sich vor ihm aufgestaut. Aber der Platz, an dem er kauerte, war frei geblieben. Dann, kurz bevor er vollständig eingeschlossen wurde, war der Schnee zum Stillstand gekommen.

»Nicki«, rief der Vater in das Loch hinunter. »Fehlt dir was?«

»Nein«, rief Nicki zurück. »Es ist kalt.«

Seine Stimme zitterte.

Es dauerte eine Weile, bis die Männer die festgefrorenen Brocken so weit weggeräumt hatten, dass einer von ihnen zu Nicki hinuntersteigen konnte.

Er war wirklich unverletzt.

»Gott sei Dank. Jetzt aber schnell heim!«

Doch der Junge bestand darauf, dass man das Weidenbündel mitnahm.

Nachdem sich der Vater bei ihnen bedankt hatte, kehrten die Männer ins Tal zurück. Noch lange hörten er und

Nicki ihre Stimmen. Und wieder, wie in der Zeit, in der Nicki noch ein kleines Kind gewesen war, trug der Vater ihn Huckepack den Berg hinauf.
»Da ist er wieder«, sagte er nur, als er ihn der Mutter vor die Füße stellte. »Alles, was er braucht, ist ein heißes Bad und eine Bettflasche.« Und das bekam er dann auch.

Am nächsten Tag schlug der Vater ein kleines Fichtenstämmchen im Wald. Er kappte die Äste eine Handspanne vom Stamm entfernt und spitzte sie an.
Inzwischen half Anna Nicki beim Sträußebinden. Sie steckten sie auf die angespitzten Äste, und ganz zum Schluß wickelte die Mutter noch ein rotes Band um den Stock.
So stand Nicki mit den anderen Jungen aus dem Tal am Palmsonntag vor dem Altar und ließ sich seinen Palmstecken weihen. Wie die anderen trug er dann seine Sträuße von Hof zu Hof und bekam ein paar Bonbons, etwas Schokolade und ein wenig Taschengeld dafür.
Und als seine Mutter am Abend einen Palmstrauß hinter das Kruzifix im Stubenwinkel steckte, sagte sie leise: »Vielen Dank, dass der Nicki wieder da ist.«

Christian Morgenstern

Der Frühling kommt bald

Herr Winter,
geh hinter,
der Frühling kommt bald!
Das Eis ist geschwommen,
die Blümlein sind kommen,
und grün wird der Wald.

Herr Winter,
geh hinter,
dein Reich ist vorbei.
Die Vögelein alle,
mit jubelndem Schalle,
verkünden den Mai!

Ingrid Noll

Unsichtbar

An einem 29. Februar – einem ziemlich seltenen Tag – wurde Lisa geboren. Zu ihrem vierten Geburtstag, so versprach die Patin (eine Fee, ob gut oder böse bleibt offen), habe das Kind einen Wunsch frei. An besagtem Geburtstag kam Lisa in ein Alter, in dem man sich weder Dreirad noch Luftballons wünscht – sie wurde sechzehn.

Die Eltern hatten jahrelang Zeit, ihre Tochter so zu erziehen, dass sie am Ende keine unsoliden Wünsche äußern würde. Ab Lisas fünfzehntem Lebensjahr begannen sie damit, ihr Kind vorsichtig auf den großen Tag vorzubereiten. Der Vater sprach mitunter sehr begeistert von einem Häuschen im Grünen und ließ durchblicken, dass eine gute Tochter familiengerecht entscheiden müsse und Lisa ihre letzten Teenagerjahre dann auch in einem besonders schönen Zimmer verbringen könne. Das eigene Haus war nicht der größte Wunsch der Mutter, eher eine Kreuzfahrt; auch sie meinte, dass alle Familienmitglieder am Wünschen teilhaben sollten, die Reise bliebe dann eine gemeinsame Erinnerung fürs ganze Leben.

Auch Lisa kannte die Lehre aus den Wünsch-dir-was-Märchen: Wie viele ihrer Vorgänger hatten bereits hemmungslos fehlgewünscht, hatten Bratwurst statt der ewigen Seligkeit gewählt! Andererseits lag die ewige Seligkeit in so weiter Ferne, dass ihr im Augenblick Haus oder Weltreise immer noch attraktiver erschienen.
Aber sollte sie sich von den Eltern manipulieren lassen? Schließlich ging es um sie selbst und nicht um die Familie. Lisa geriet so ins Grübeln, dass sie in der Schule ziemlich absackte.
Drei Tage vor dem bewussten Geburtstag litt Lisa unter Schlaflosigkeit, die Eltern und Geschwister wurden von Durchfall und Herzjagen geplagt. Lisa überlegte ein wenig, ob sie sich nicht lebenslange Gesundheit wünschen

sollte, aber andererseits war das ein verschenkter Wunsch. Bisher war sie immer gesund gewesen, ohne den ganzen Stress würde sie auch wieder gut schlafen. Schönheit? Klugheit? Sie war weder hässlich noch dumm.
Spaß soll es machen, sagte sie schließlich. Als die gute Fee vor ihr erschien, wünschte sich Lisa, dass sie sich unsichtbar machen könnte.
Am nächsten Tag war Rosenmontag und schulfrei. Lisa lief nicht hinter dem Karnevalszug her wie alle anderen, sondern ging ganz allein in den Wald. Kein Tier würde vor ihr fliehen, wenn sie unsichtbar war. Und tatsächlich

– alle Schwere fiel von ihr ab, sie war nur noch ein Windhauch, ein Gedanke. In jeder beliebigen Geschwindigkeit glitt sie durch die Gipfel der Bäume, über Bäche, durch Höhlen und Bergwände. In Ruhe konnte sie verweilen und Tiere beobachten, es war wie im Zoo. Nur anfassen und streicheln, das ging leider nicht. Zum Mittagessen war Lisa wieder am gemeinsamen Tisch zu sehen, sie verriet aber nicht, was sie sich gewünscht und was sie erlebt hatte.

»Ihr werdet schon sehen«, sagte sie – »oder auch nicht«, fügte sie in Gedanken hinzu.

Nachmittags besuchte die unsichtbare Lisa ihre Freundinnen und guckte sich gründlich bei ihnen um, ja – sie las leider auch ein wenig in fremden Tagebüchern und Briefen. Allerdings war das nicht nur witzig und spannend, sondern teilweise auch ärgerlich. Nicht immer schrieb und sprach man nett über sie. Andererseits war es hochinteressant, den anderen Familien in Kochtöpfe und Badewannen zu schauen. Aber als der Vater ihrer besten Freundin über Lisas Papa schimpfte, wurde die Sache unangenehm.

In der nächsten Mathestunde wurde Lisa von einem taktlosen Pauker aus ihren Träumen gerissen und war plötzlich verschwunden. »War sie nicht gerade eben noch hier?«, murmelte der Lehrer und schrieb ungerührt eine Fünf in sein rotes Büchlein. Und so ähnlich erging es Lisa jetzt häufig beim Unterricht. Voller Wut schwebte

Lisa wie ein Sonnenstäubchen bei der nächsten Zeugniskonferenz ins Lehrerzimmer. Es gefiel ihr aber überhaupt nicht, was sie jetzt zu hören bekam: unaufmerksam, faul, schwänzt und so weiter. Lisa hätte gern einiges richtig gestellt, aber leider ging das nicht.
Immer weniger hatte Lisa Lust auf die langweilige Schule. Es gab Besseres. Ohne dabei gesehen zu werden, nahm sie die Welt der Erwachsenen unter die Lupe. Im Krankenhaus erlebte sie, wie Menschen geboren wurden und starben, im Park, wie sich die Pärchen liebten. In der Sparkasse war sie bei einem Überfall dabei; zu ihrer Schande sei gesagt, dass sie den Räubern sogar ein wenig half. Sie konnte zugucken, wenn ihre Lieblingsschauspieler und -sänger frühstückten. Sie trieb sich im Gefängnis und im Bundestag herum, sie beobachtete Arme und Reiche in allen Lebenslagen.
Lisa wurde ernster. Das Lachen ihrer Freundinnen kam ihr albern vor, Schule und Mitschüler ödeten sie an. Die Eltern mit ihren gut gemeinten Ermahnungen nervten. So ein Doppelleben war anstrengend, doch es war Lisa nicht mehr möglich, auch nur einen Tag darauf zu verzichten.
Plötzlich beschloss Lisa, Elternhaus, Familie und Schule zu verlassen und für immer unsichtbar zu bleiben. Anständigerweise schrieb sie einen kleinen Brief an die Eltern, sie gehe ins Ausland und man solle sie in guter Erinnerung behalten.

Lisa tauchte eine Weile in fernen heißen Ländern unter, hörte fremde Sprachen und konnte doch nicht gehört werden, sah Glück und Elend dunkelhäutiger Menschen und konnte selbst nicht gesehen werden. Sie entdeckte neue Gerichte, Gerüche, Farben und Laute und konnte doch nicht fühlen, tasten, riechen und schmecken.

Ihre Eltern hatten alles unternommen, um ihre Tochter wieder zu finden – aber einer Unsichtbaren kommt auch der findigste Polizist nicht auf die Spur. Anfangs dachte Lisa nur selten an zu Hause. Hatte sie sich in einem Land genug umgetan, kam das nächste an die Reihe. Nach einiger Zeit war Lisa übersättigt und gelangweilt, fühlte sich innerlich wie tot. Waren Unsichtbare nicht fast wie Tote? Manchmal sah sie Menschen, die sich umarmten und küssten, und verspürte einen stechenden Schmerz, weil sie von aller Liebe ausgeschlossen war. Wenn Lisa das warme blaue Meer und badende Kinder sah, dann hätte sie gern geweint vor Sehnsucht. Aber sie konnte weder weinen noch lachen wie ihre Altersgenossen. Sie

konnte mit den fremden Menschen kein Fest feiern, nicht in frisches Brot beißen, tanzen, singen, Ananassaft trinken, den Wind in den Haaren spüren, den Regen auf der Haut. Sie konnte noch nicht einmal schlafen und im Traum alles vergessen.
Und plötzlich – in einem fernen Land mitten im Menschengewühl – wünschte sich Lisa mit aller Kraft ihre Sichtbarkeit zurück, nur um heulen zu können. Der Wunsch ging sofort in Erfüllung.
Aber immer noch schien sie keiner zu beachten, als sie schluchzend am Straßenrand kauerte. Endlich kam ein alter Mann und hielt ihre Hand. Lisa erzählte, wie sehr sie anfangs die Unsichtbarkeit ausgekostet habe und wie ihr das Geschenk der Fee nun zum Fluch geworden sei. Immer häufiger musste sie vor den Schwierigkeiten des Lebens weglaufen und immer tiefer wurde ihre Abhän-

gigkeit, sich durch Flucht in die Unsichtbarkeit zu befreien. Unter Tränen bekannte Lisa, dass sie seit einem Jahr von keinem Lebewesen mehr gesehen worden sei. Der alte Mann, der alle Sprachen verstand, verwandelte sich in die Fee. »Die Einsamkeit im Reich der Unsichtbaren ist nur kurze Zeit schön, dann ist sie schwer zu ertragen. Wenn du dir ein erfülltes Leben wünschst, musst du zu den Menschen zurückkommen und wie alle anderen leben und arbeiten. Du wirst Glück und Leid erfahren, aber so traurig wie jetzt wirst du nie wieder sein.« Dann verschwand die Fee (oder der Mann). Lisa fühlte sich plötzlich frei und heiter. Sie lächelte in die Menschenmenge hinein und man lächelte zurück. Übrigens musste Lisa eine Klasse wiederholen, als sie wieder zu Hause war. Aber das war in Ordnung.

Martin Auer

März

Hasen haben *Schildkröten* gern. Sie bauen ihnen kleine Ställe und füttern sie mit Salat und Karotten, was für die Hasen ein großes Opfer ist, weil sie die selber gern essen. An besonderen Hasenfeiertagen gehen die Hasen mit ihren Schildkröten auf den Sportplatz und machen Wettrennen mit ihnen. Immer ein Hase gegen eine Schildkröte. Natürlich gewinnen die Hasen immer. Sogar der kleinste Hase kann eine Schildkröte beim Wettrennen schlagen. Darum kriegen die Hasen bei diesen Wettrennen alle Pokale und Medaillen und tragen sie stolz und froh nach Hause. Ihr Selbstbewusstsein wird dadurch ganz ungemein gestärkt. Die Schildkröten aber sind hinterher immer ganz traurig und niedergeschlagen. Deshalb führen die Hasen sie nach dem Wettrennen in Wägelchen spazieren, um sie wieder aufzumuntern.

James Krüss

Das Oster-Abc

Alle Vögel singen schon,
Blumen blühn im Garten,
Crocus, Veilchen, Anemon,
Die verschämten, zarten.

Eine Amsel schwatzt vom Mai,
Ferne blasen Hörner,
Glocken läuten nahebei,
Hühnchen suchen Körner.

Ida flicht sich einen Kranz,
Jakob neckt ein Zicklein,
Küsters Frieda träumt vom Tanz,
Ludwig macht sich piekfein.

NOPQRSTUVWXYZ

Mutter Margaretha fährt
Nobel zur Kapelle.
Ottokar, der Mops, verzehrt
Plätzchen auf der Schwelle.

Quicklebendig wird's im Haus:
Ruth und Xaver Meier
Suchen fleißig drin und drauß
Taubenblaue Eier.

Unterm Bett, in Uhr und Hut,
Vase, Topf und Lade
Wühlen sie. Da findet Ruth
Xavers Schokolade.
Ypsilon, ist das nicht nett?
Zett.

Ingrid Uebe

Weidenkätzchen

Vor vielen Jahren lebte auf einem Bauernhof eine schöne graue Katze. Sie durfte sich überall frei bewegen – im Stall und in der Scheune, im Hof und im Garten, im Keller und auf dem Dachboden.

In der Wohnstube hatte sie auf dem Kachelofen ein warmes, gemütliches Plätzchen und in der Küche stand für sie immer ein Schüsselchen Milch bereit. Sie sorgte dafür, dass die Mäuse im Haus nicht überhand nahmen, und der Bauer war wohl zufrieden mit ihr.

Im März wurde die schöne graue Katze zum ersten Mal Mutter. In einer kuscheligen Ecke auf dem Heuboden schenkte sie vier winzigen Kätzchen das Leben.

Das erste war weiß, das zweite schwarz, die beiden letzten waren grau wie sie selbst.

Vier Wochen behielt die Katzenmutter ihr Geheimnis für sich. Sie leckte, wärmte und säugte die Kleinen im duftenden Heu und gab Acht, dass ihnen nichts zustieß.

In der ersten Aprilwoche aber spazierte sie mit allen vieren in die Wohnstube, strich um die Tischbeine und schnurrte vor Stolz.

Die Kätzchen gingen zuerst artig in einer Reihe. Doch als sie sahen, dass der Bäuerin ein Wollknäuel vom Schoß

gefallen war, stürzten sie sich darauf und begannen zu spielen.
Die Bäuerin lachte und ihre kleine Tochter Marie, die mit ihrer Puppe auf dem Fußboden gesessen hatte, klatschte vor Freude in die Hände.
Als aber der Bauer nach Hause kam, ärgerte er sich sehr über das, was er in seiner Wohnstube vorfand.
»Das Viehzeug kommt mir sofort aus dem Haus!«, rief er zornig. »*Eine* Katze ist gut und schön. Aber auf keinen Fall fünf.«
Die kleine Marie weinte und die Bäuerin sagte: »Ach, lieber Mann, wir wollen versuchen die Kätzchen an gute Leute zu verschenken.«
»Das ist unmöglich!«, antwortete der Bauer. In der Nacht, als Marie schlief, rief er seinen Knecht und befahl ihm die kleinen Katzen zu töten.
»Steck sie in einen Sack, binde ihn zu und wirf ihn in den Teich hinter dem Dorf!«, sagte er. »Die Graue wird sich bald trösten und auch Marie wird morgen alles vergessen haben.«
Der Knecht brachte es kaum übers Herz, die vier Katzenkinder in einen dunklen Sack zu stecken. Aber weil er Angst hatte, dass sein Herr ihn entlassen würde, befolgte er dessen Befehl und machte sich auf den Weg.
Eben zog ein Gewitter herauf, und als der Knecht den Teich erreichte, fiel der Regen wie aus Eimern vom Himmel. Dazu blitzte und donnerte es, dass man ordentlich

Angst bekommen konnte. Der Knecht zog den Kopf ein, denn er trug weder Hut noch Mantel. Kurz entschlossen band er den Sack auf, holt die kläglich maunzenden Kätzchen eins nach dem anderen heraus und warf sie schnell in den Teich. Dann hängte er sich den Sack wie einen Kapuzenumhang über den Kopf und rannte davon, ohne sich noch einmal umzusehen.
Die vier Katzenkinder schrien und zappelten erbärmlich, als sie ins Wasser fielen und nirgendwo Halt fanden. Dicht am Ufer aber stand eine alte Weide. Die tauchte ihre langen Zweige ins Wasser und fischte die Kätzchen heraus. Zuerst klammerten sie sich ganz fest, dann kletterten sie immer höher, bis sie in Sicherheit waren. Schwimmen konnten sie nicht, aber klettern konnten sie wirklich schon ausgezeichnet.
Den Rest der Nacht blieben sie in den Zweigen der alten Weide sitzen und fühlten sich ganz geborgen. Das Gewitter zog fort und der Mond kam hinter den Wolken hervor.
Als aber die Sonne ihre ersten Strahlen auf die Erde sandte, waren aus den vier Katzenkindern Weidenkätzchen geworden. Dicht hintereinander saßen sie auf einem luftigen Zweig und ließen sich wiegen. Zwei waren grau, eins hatte einen weißen und eins einen schwarzen Schimmer.
Seit diesem Tag wachsen jedes Jahr im Frühling auf den Zweigen aller Weidenbäume der Welt die weichen Wei-

denkätzchen zum Zeichen dafür, dass einst einer von ihnen vier Katzenkindern das Leben gerettet hat.

Elisabeth Zöller

Was Ostern ist

Die riesenlange Schlange. Eine Autoschlange. Auf der Autobahn. Neben uns, hinter uns, vor uns, überall sind Autos.

Ich will gerade die Augen zumachen. Ich will an unsere Baumbude denken. Ich meine die Baumbude von Sven und mir – hinter unserem Haus.
Da macht es Ruck. Papa bremst. Wir fliegen alle nach vorne. Wir sind zwar angegurtet, aber es ruckelt doch ganz schön. »Mist!«, sagt Papa. Und noch mehr. Aber Mama beschwichtigt ihn und wischt sich dabei den Saft vom Ärmel, den sie gerade über ihren Pullover gegossen hat, weil Baba seit einer Stunde »Durst« schreit und »Sind wir bald da?«. Und Baba fragt wieder: »Sind wir bald da?«, mit ihrer leiernden Babystimme.
Da dreht Papa sich um und sagt: »Wir sind doch gerade erst abgefahren. Vor einer Stunde. Ich möchte das nicht noch einmal hören, Baba.«

Ich mache die Augen zu und denke an unsere Baumbude. Aber das klappt jetzt nicht. Ich hole mein Mickyheft. Baba, meine kleine Schwester, schlürft Saft.
Ruck. Papa bremst wieder. Wir fliegen wieder nach vorne.
»So ein Mist!«, ruft Papa. Und noch mehr. Er wischt sich den Schweiß von der Stirn.
»Das kann noch dauern«, seufzt er Mama zu. Er dreht das Radio an. Verkehrsdurchsagen.
»Sind wir bald da?«, quengelt Baba. Papa schnauft. Er sagt nichts mehr. Er stellt nur das Radio lauter. Er sucht einen anderen Sender.
»Such mal lustige Musik!«, sagt er zu Mama. Mama sucht. Drückt auf den Knopf.
»Osterkonzert ...«, sagt ein Sprecher.
»Was ist ein Osterkonzert?«, fragt Baba und schlürft weiter ihren Saft. Keiner antwortet. Papa starrt auf die Straße. Mama hört der Musik zu. Baba schlürft und wartet. Ich will eigentlich mein Mickyheft lesen. Aber bei dieser Familie kommt man ja eh zu nichts. Ich denke nach.
»Was ist eigentlich ein Osterkonzert?«, fragt Baba noch einmal.
Papa und Mama schweigen.
»Und was ist Ostern?«, frage ich.
»Die Musik will an das Leiden und Sterben Jesu Christi erinnern«, sagt der Radiosprecher, »und will schließlich in der Auferstehung Jesu Christi ihren Höhepunkt erreichen.«

»Und was ist eine Auferstehung?«, fragt Baba.
»Das weißt du doch«, zische ich und stoße Baba in die Rippen. Ich ziehe dabei ihr Bibel-Bilderbuch unter dem Stapel hervor.
»Hier ist dein Buch«, sage ich und will es ihr gerade zeigen.
»Ich hab Durst«, quengelt Baba. Das ist nicht auszuhalten.
»Baby«, sage ich.
»Babyschaf«, sagt Baba und spritzt mit Saft, den sie gerade von Mama bekommen hat.
»Die ist doof«, schreie ich.
Mein T-Shirt ist voller Saft. Wenn ich doch jetzt bei Sven wäre in unserer Baumbude. Stattdessen kurve ich hier mit meinen Eltern und Baby irgendwohin, wo es bestimmt langweilig ist.
Stille im Auto. Nur das Motorengeräusch.
Ich frage noch einmal: »Was ist Ostern?«
Ruck, macht es. Wir fliegen wieder nach vorne.
Die Musik setzt jetzt leise ein.
»Was ist Ostern?«, frage ich noch einmal so laut, dass Papa und Mama es hören müssen. Aber keiner reagiert auf meine Frage. Papa steckt sich eine Zigarette an und murmelt etwas von schrecklichem Verkehr und dass eigentlich alles immer schlimmer wird. Mama wiegt den Kopf zu den Tönen, die aus dem Radio kommen, die aber meine Frage vollkommen untergehen lassen.

»Was ist Ostern?«, frage ich nun noch einmal.
»Gleich«, sagt Papa. »Ich muss noch mal eben Deutschlandfunk hören.« Er dreht an den Radioknöpfen.
»Staus und Behinderungen auf folgenden Autobahnen …« – und dann kommen tausend Nummern. Das also ist wichtig, denke ich. Diese Nummern. Und Babyfragen sind wichtig. Wenn Papa brummt, ist das wichtig. Aber was Ostern ist, das ist nicht wichtig.
Doch da fängt Mama an: »Ostern ist …«, sagt sie.
»Jetzt sei doch mal still«, sagt Papa. »Das ist doch im Augenblick wohl wichtiger, schließlich willst du ja auch mal ankommen.«
Mama schweigt. Sie ist wütend.

Ich schaue aus dem Fenster. Ich sehe Autos und Autos und Autos.
»Ostern ist …«, versucht Mama es noch einmal.
»Verdammt nochmal, jetzt seid doch still!«, ruft Papa. »Ich verstehe kein Wort. Und wenn wir so weiterfahren wie bisher, kommen wir nie an!« Papa dreht sich zu mir um und sagt: »Ostern ist in einer Woche, mein Sohn, und jetzt keine Fragen mehr, bis wir hier aus dem verdammten Stau raus sind.«
Huck, Papa hat gesprochen. Das, was ich wissen will, ist ja nicht wichtig. Was Ostern ist, ist doch nicht wichtig. Oder wissen sie's etwa selbst nicht, die Großen?

Patricia Schröder

Ei(n)erlei

»Achtung, Gewitter!«, kreischt mein vierjähriger Bruder Matze.
Er lässt einen Kochtopf zu Boden fallen. Es kracht gewaltig. Kurz darauf trifft mich ein feiner Wasserstrahl auf der Nase.
»Hör auf, du Blödmann!«, fauche ich, springe von meinem Stuhl auf und stürze mit wildem Blick auf ihn los.
»Lass ihn am Leben«, sagt meine ein Jahr ältere Schwester Lina. »Du weißt, sonst gibt es Ärger mit Mama.«
Lina hat wie immer die Ruhe weg. Sie schaut nicht mal von ihrem Malzeug auf.
»Wenn es im Haus gewittert, gibt es auch Ärger mit Mama«, erwidere ich, reiße Matze die Wasserpistole aus der Hand und klemme sie zwischen meine Beine. Eigentlich müsste er jetzt brüllen wie am Spieß. Stattdessen baut er sich mit seinem berühmten Neugierblick vor meinem Schreibtisch auf und fragt: »Was macht ihr da?«
»Nix«, knurre ich.
»Du sollst Matze nicht anlügen«, sagt Lina. »Du weißt, sonst …«
»… gibt es Ärger mit Mama«, stöhne ich und lasse mich auf meinen Stuhl zurückplumpsen.

Lina spült den dicken Pinsel aus, nimmt einen kleinen Schwamm und tupft damit ein wenig Gelb über das ausgeblasene Gänseei, das sie gerade rundherum grün angemalt hat. »Guck mal«, sagt sie und hält es mir unter die Nase. »Das sieht doch toll aus, oder?«

Ich nicke und widme mich wieder meinem Ei. Ich habe es bereits weiß angemalt und zeichne nun mit einem dünnen Pinsel ein genial feines Rosenrankenmuster darauf.

»Was macht ihr da?«, fragt Matze noch einmal.

Er angelt sich eins der noch unbemalten Eier aus dem Körbchen und drückt zu. Ein ganzer Haufen Schalensplitter rieseln aus seiner Hand auf meine Schreibtischunterlage.

»Bist du verrückt!«, rufe ich und ziehe das Körbchen zu mir rüber.

»Klar ist er das«, sagt Lina und pinselt einen hellbraunen Osterhasen auf ihr Ei.

»Was macht ihr da?«, wiederholt Matze unbeeindruckt seine Frage.

»Einen Ostereierwettkampf«, sagt Lina.

Matzes Augen leuchten begeistert auf. »Welches am weitesten fliegt?«

»Nein«, sage ich. »Welches am schönsten aussieht.«

»Wieso?«, fragt Matze.

Auf seinem Gesicht breitet sich Enttäuschung aus.

»Weil das dem Osterhasen gefällt«, sagt Lina. Sie grinst und stupst mich in die Seite. »Stimmt's, Anne?«

»Den Osterhasen gibt's nicht«, behauptet Matze.

»Klar, gibt's den«, sagt Lina und malt ein bunt geringeltes Ei auf ihr Ei.

Doch Matze beharrt auf seiner Meinung.

»Timo sagt, den gibt's nicht.«

»Timo hat keine Ahnung«, brumme ich.

»Genau«, sagt Lina. »Wenn man dem Osterhasen kein schönes Ei in den Garten legt, dann kriegt man auch nichts.«

Matze starrt seine große Schwester nachdenklich an.

»Dann will ich auch«, sagt er schließlich, umrundet den Schreibtisch und versucht nach dem Körbchen zu greifen. Doch ich ziehe es ihm rechtzeitig vor der Nase weg.

»Nix da. Du kannst dem Osterhasen eine Karotte schenken. Das hast du immer gemacht und darüber freut er sich auch.«

»Tut er nicht«, quiekt Matze. »Ich will jetzt ein Ei malen.«

»Nein«, entgegnet Lina. »Das sind unsere Eier. Die sind nur für große Mädchen.«

»Genau«, sage ich, während ich winzige grüne Blätter und Stacheln in mein Rosennetz male. »Kleine Jungs müssen kleine Hühnereier bemalen. Frag doch einfach Mama. Vielleicht hat sie noch eins für dich.«

Matze ballt die Fäuste und läuft vor Wut krebsrot an. »Ich will aber ein großes!«, brüllt er.

»Halt die Klappe«, brummt Lina. »Du nervst.«

Aber wenn Matze erst einmal richtig in Fahrt ist, hält ihn

keiner mehr auf. Er macht einen irren Affentanz. Natürlich steht ein paar Sekunden später Mama auf der Matte.
»Was ist denn hier los?«
Matze stürzt sich in ihre Arme. »Lina und Anne haben mir die Pistole weggenommen«, jault er. »Und ich darf kein Ei anmalen.«
»Warum darf Matze kein Ei anmalen?«, fragt Mama.
»Weil er uns nass gespritzt hat«, sage ich.
»Und weil er schon ein Ei zerkrümelt hat«, sagt Lina.
Aber das interessiert Mama nicht. »Natürlich darfst du ein Ei anmalen«, sagt sie und wuselt Matze durch die blonden Locken. »Rückt mal ein bisschen zusammen«, befiehlt sie Lina und mir in einem Ton, der keinen Widerspruch zulässt. »Ostern ist schließlich ein christliches Fest. Da solltet ihr bei eurem kleinen Bruder ausnahmsweise mal ein Auge zudrücken.«
Während Mama einen Küchenstuhl herbeischleppt, werfen Lina und ich uns einen genervten Blick zu. Kurz darauf hockt Matze seelig mit an meinem Schreibtisch und verpinselt uns die letzten beiden Gänseeier.
»Guck mal, ich hab die schönsten«, verkündet er und hält uns stolz seine weiß-blau-bunt bekleckten Eier unter die Nasen.
»Ja suuuper«, sage ich. »Wirklich ganz toll! Das hätte ich auch gekonnt.«
»Hmmm«, macht Lina, »die sehen aus, als ob ein ganzer Schwarm Tauben drauf gekackt hat.« Sie deutet auf un-

sere Eier, die richtige kleine Kunstwerke geworden sind. »Über Annes und meins wird der Osterhase sich freuen. Dafür bekommen wir bestimmt ganz tolle Geschenke.«

»Gar nicht!«, kräht Matze. Er legt seine Eier auf dem Schreibtisch ab, verschwindet unter dem Tisch und zerrt an seiner Wasserpistole. Ich presse die Beine zusammen, kann sie aber nicht halten. Matze zielt auf mein Rosenei. »Das sieht gleich auch total bekackt aus!«, schreit er und fängt an zu pumpen. Doch Lina und ich sind schneller. In Windeseile packen wir unsere Eier und rennen damit in den Garten hinaus.
»Wohin?«, keucht Lina.
»In den Pflaumenbaum«, schnaufe ich. »Da kommt er nie hoch.«
Wir springen über die niedrige Hecke vom Gemüsegarten, hasten an den Beeten entlang und erreichen endlich die Obstbaumwiese am anderen Ende. Flink wie kleine Wiesel erklimmen wir den Pflaumenbaum und postieren unsere Eier hoch oben im dünnen Geäst. »Super Idee«, sagt Lina grinsend.
Wir schlagen unsere Handflächen gegeneinander und

klettern langsam wieder hinunter. Dort steht Matze mit rotzverschmierter Nase und schreit. »Ihr blöden Hühner! Das habt ihr nun davon.«
Ein Wasserstrahl aus seiner Pistole trifft mich genau auf die Stirn, ein anderer Linas Ohr.
»Komm«, zischt sie, packt mich am Arm und zieht mich fort.
Wir flitzen den ganzen Weg bis in mein Zimmer zurück. Dort liegen noch immer Matzes Eier auf dem Schreibtisch. »Die verstecken wir jetzt!«, ruft Lina. »Und zwar besser als der Osterhase.«
Auf Zehenspitzen schleichen wir in den Flur und von dort ins Wohnzimmer. Vor der Schrankwand hält Lina mir Räuberleiter, damit ich die obere Klappe erreiche, hinter der Mama das Geschirr verstaut hat, das sie mal geschenkt bekommen hat und das ihr nicht gefällt. Dort hinein legen wir Matzes Eier. Dann flitzen wir in den Flur zurück, wo wir Papa fast auf die Füße latschen. Kopfschüttelnd schaut er uns hinterher, als wir kichernd in meinem Zimmer verschwinden.
Am nächsten Morgen haben meine Eltern die Ruhe weg. Papa futtert seinen Toast im Schneckentempo und Mama trinkt zwei Tassen Kaffee mehr als sonst. Matze wibbelt auf seinem Stuhl herum. »War der Osterhase schon da?«, fragt er aufgeregt.
»Ja«, sagt Papa, »wenn ich mich nicht irre, habe ich seine Ohren vorhin zwischen den Narzissen gesehen.«

Matze springt auf. »Ich geh suchen!«, ruft er.
»Moment«, sagt Papa. »Wo sind denn überhaupt deine Eier?«
»Bei Anne.« Matze flitzt in mein Zimmer und kommt fünf Sekunden später heulend zurück. »Anne und Lina haben sie geklaut.«
»Unsinn«, sagt Papa. »Der Osterhase hat sie bestimmt bloß in Sicherheit gebracht.« Er nimmt Matze auf den Arm und steuert das Wohnzimmer an. Lina und ich sofort hinterher.
Papa öffnet die obere Klappe und sagt: »Siehst du.«
»Ooh!«, ruft Matze. Er strahlt über das ganze Gesicht und zieht zuerst die Eier und dann einen Schaufelbagger heraus. »Cool!«

»Man sollte den Osterhasen eben nicht unterschätzen«, sagt Papa und zwinkert mir und meiner Schwester zu.
Lina und ich sehen uns an. Dann sausen wir los. In null Komma nix sind wir auf dem Pflaumenbaum. Unsere Eier sind immer noch dort, wo wir sie gestern hingesteckt hatten. Aber wie sehen sie aus!
»Oje«, sagt Mama. »Die lagen wohl genau unter einem Nest.«
»Total bekackt«, ruft Matze und hüpft schadenfroh auf und ab.
»Mhm«, meint Mama. »Jetzt sind sie von Matzes kaum noch zu unterscheiden.«
Papa nickt. »Ein schönes Einerlei haben wir da«, sagt er. »Bestimmt hat der Osterhase sich über alle Eier gleich doll gefreut.« Er nickt Lina und mir zu. »Na, dann sucht mal schön.«
Das lassen meine Schwester und ich uns nicht zweimal sagen. In einer Höllengeschwindigkeit durchsuchen wir jeden Winkel des Obstgartens. Matze, Lina und ich finden eine ganze Menge Schokoladeneier.
Dann kreischt Lina plötzlich auf: »Ich hab was! Ich hab was!«
Strahlend hält sie das Bastelset in die Höhe, das sie sich schon lange gewünscht hat. Und ein paar Minuten später entdecke ich unter einen Strauch endlich auch ein super süßes Kuscheltier.
»Wie gut, dass Matze nächstes Jahr alt genug ist, um

gleich von Anfang an beim Eieranmalwettbewerb mitzumachen«, sage ich und zeige auf mein Ei. »Da kann so was dann zum Glück nicht mehr passieren.«

Rolf Zuckowski

Jetzt kommt die Osterzeit

Es singen die Hasenkinder

Melodie: Rolf Zuckowski

1. Vers
G
Vom Oster-eier - ma-len und von der Farben-pracht, die
G7
C
aus dem trüben Win-ter-grau den neuen Frühling macht.
C
Vom Früh-lings - kin - der - la - chen, das
C7
F
aus den Fens-tern klingt und in die Häu-ser
C
D7
G
rings-he - rum das hel-le Le - ben bringt.

Refrain I und II

2. Vers
Vom Laufen und vom Spielen
und vom Spazierengehn,
von Bienen, die nach langer Zeit
die ersten Blüten sehn.

Vom Huhn, das brav und fleißig
die Eier legen muss,
von frisch verliebten Pärchen
und vom allerersten Kuss.

Refrain I und II

Norbert Landa

Das Ostertier

Es ist bestimmt ein paar hundert Jahre her oder gar länger, da wusste man noch nicht so recht, wer den Kindern zu Ostern die Ostereier bringen sollte. Deshalb kamen die Tiere des Waldes, des Feldes und des Bauernhofs zusammen, um das Ostertier zu wählen.
»Wir, wir, wir!«, riefen sie alle.
Es war ein schrecklicher Lärm. Also, einer noch dem andern!

»Wir«, so riefen die Schnecken,
»wir kennen alle Plätze,
wir können alle Schätze
als Osterschnecken
am besten verstecken!«

»Und wenn ihr damit fertig seid, ist es bestimmt schon Weihnachten«, bellten die Hunde. »Osterschnecken, so was Dummes!«
Da schlichen die Schnecken beleidigt davon.
Die Hunde aber richteten sich stolz auf und riefen:

»Osterhunde, flink und schlau,
wir sind nicht so faul!
Tragen die Eier im Maul
und legen sie ins Nestchen, wau!«

»Und bei ›wau‹ lasst ihr sie fallen und fresst sie auf«, grunzten die Schweine. »Osterhunde! Unerhört!«
Da kniffen die Hunde den Schwanz ein und machten sich davon.

»Vertrauet uns Osterschweinen!
Vielleicht etwas dick,
dafür österlich schick.
Wir sind das Feinste vom
Feinen!«

»Und wer soll die schönen bunten Eier noch anfassen, wenn ihr sie im Schlamm gewälzt habt?«, gackerten die Hühner.
»Nicht mit uns! Osterschweine, das ist doch lachhaft!«
Da trollten sich die Schweine heim auf den Hof.

»Wir Osterhühner,
wir nämlich hingegen,
verstehn was vom Legen
und wissen, wie man Eier versteckt!«

»Und dann setzt ihr euch womöglich drauf und wollt sie ausbrüten«, muhten die Kühe. »Osterhühner, Unsinn!«
Da scharrten die Hühner verlegen und gingen heim.
Doch wie den Osterschnecken, den Osterhunden und den Osterschweinen, so ging es auch den Osterkühen. Man befürchtete, sie würden die Ostereiernester schließlich zertrampeln.
Die Rehe waren zu nervös, um als Osterrehe auch nur einen geraden Pinselstrich zu machen.
Die Tauben würden als Ostertauben die Eier ganz bestimmt fallen lassen. Denn sie ließen ja auch sonst einiges fallen.
Die Fische waren zu nass als Osterfische.
Die Gänse würden als Ostergänse ihren Schnabel nicht halten können und alles verraten.
Die Katzen würden als Osterkatzen mit den Ostereiern bloß herumspielen und sie durch die Gegend rollen lassen.

Und so ging es auch den übrigen Tieren. Alle waren sie beleidigt und flogen und trotteten, schwammen und watschelten nach Hause.

»Wir, wir, wir!«, riefen am Schluss noch die Hasen.
Dann sahen sie sich verwundert um. Da war kein anderes Tier mehr, das »Nein! Blödsinn!« oder Ähnliches rief. Da war sonst überhaupt niemand mehr.
»Oooosterhaaaase!«, rief einer von ihnen. »Osterhase, das klingt doch gut!«
Die anderen horchten und nickten schließlich begeistert. Sie fassten sich fröhlich an den Pfoten und tanzten im Kreis und sangen:

»Wir sind die Osterhasen
mit unsren weichen Pfoten
und unsren süßen roten,
sanften Schnuppernasen.
Es leben hoch wir Osterhasen!«

Janosch

Hasenfutter eins zwei drei

Ach, da kocht die Hasenmutter
Auf dem Ofen Hasenfutter.
Rührt im Topfe 1 2 3
Grünkohl, Kraut, Kartoffelbrei.
Und zum Nachtisch 5 6 7
Gibt es süße Zuckerrüben.
Hört ihr die Häschenkinder singen:
Die Mutter soll das Essen bringen?
Die Löffel liegen schon bereit,
Und das kleinste Häschen schreit:
»Wir wollen endlich essen, Mutter.
Wir wollen unser Hasenfutter.
Wir wollen endlich 1 2 3
Grünkohl, Kraut, Kartoffelbrei.
Und 1 2 3 4 5 6 7
Zum Nachtisch süße Zuckerrüben.«
»Nein«, so spricht die Frau Mama.
»Der Vater ist noch gar nicht da.«

1 2 3 4 5 6 7
Wo ist der Vater nur geblieben?
Ach, die Häschenkinder warten,
Und der Vater ist im Garten.
Muss die Mohrrüben begießen,
Nachschaun, ob die Blümlein sprießen.
Und vom Kohl die Raupen jagen.
Und das Gras nach Hause tragen.
Und mit der Harke Erde rechen,
Und mit dem Spaten Löcher stechen.
Muss auch die Zwiebelchen versorgen.

»Ach nein, das mach ich lieber morgen«,
Sagt der Vater 8 9 10,
»Denn ich muss nach Hause gehn,
Wo meine Hasenkinder warten.
Und ich sitz immer noch im Garten.«
Er nimmt noch eine Pfote voll
Von dem guten Blumenkohl.
»Oh, da kommt der Vater schon«,
Ruft der eine Hasensohn,
»Jetzt könn'n wir endlich essen, Mutter.«
Ach ja, wie gut schmeckt Hasenfutter!

Christine Nöstlinger

Hugos Hühner

Am Gründonnerstag – das ist der Tag vor Ostern, an dem fast alle Leute Spinat essen – ging Hugos Mutter zum Fleischer, um den Osterschinken zu bestellen. Neben der Fleischerei war ein Blumenladen, und in der Auslage vom Blumenladen lag ein Rasenziegel, umkränzt von Veilchen und Primeln und Schneeglöckchen. Und in der Mitte des Rasenziegels saßen sechs winzige, dottergelbe Küken.
Hugos Mutter sagte zu sich: »Die sind aber sehr lieb!«

Am Karfreitag – das ist der Tag vor Ostern, an dem fast alle Leute kein Fleisch essen – ging Hugos Mutter zum Fleischer, um den Osterschinken abzuholen. Sie kam wieder am Blumenladen vorbei. Diesmal liefen die sechs winzigen, dottergelben Küken zwischen den Veilchen und den Primeln und den Schneeglöckchen herum.
Hugos Mutter sagte zu sich: »Die sind aber ganz, ganz wunderlieb!«

Am Karsamstag – das ist der Tag vor Ostern, an dem fast alle Leute Eier färben – ging Hugos Mutter zum Friseur. Zufällig war die Dame, die neben Hugos Mutter zu sitzen

kam, die Blumenhändlerin mit den sechs winzigen, dottergelben Küken in der Auslage.
Hugos Mutter sagte zur Blumenhändlerin: »Die Küken in Ihrer Auslage sind ganz, ganz ungeheuer wunderlieb!«
Unter der Trockenhaube dann schlief Hugos Mutter – weil sie vom großen Osterputz sehr müde war – ein. Und da hatte sie einen Traum. Im Traum sah sie ihr Wohnzimmer: Auf dem Hirtenteppich, vor der Sitzbank lagen die Ostergeschenke für ihren Hugo. Die Schokoeier, die Marzipanhasen, die Bausteine, die Unterhemden und die Bilderbücher. Alles, was Hugos Mutter in den letzten Wochen für ihren Hugo zusammengetragen hatte. Und dazwischen liefen die sechs winzigen, dottergelben Küken herum. Und dann sah Hugos Mutter – im Traum – Hugos Augen. Hugos Augen waren so groß wie Wagenräder vor Staunen, und alles Glück der Welt lag in ihnen.
Als das Lehrmädchen die Trockenhaube abstellte, wachte Hugos Mutter auf. Sie erzählte dem Lehrmädchen und der Blumenfrau von ihrem Traum, und da sagte die Blumenfrau: »Das muss kein Traum bleiben. Ich borge Ihnen die Küken über Ostern.«
»Das würden Sie für meinen Hugo tun?«, rief Hugos Mutter begeistert.
»Aber natürlich«, sagte die Blumenfrau.
»Wir sperren den Laden um fünfzehn Uhr. Gleich nachher bringe ich Ihnen die Küken!«
Hugos Mutter erklärte der Blumenfrau genau, in wel-

chem Haus, hinter welcher Tür sie wohne, dann ging sie nach Hause und summte dabei glücklich vor sich hin, vor Freude über die Freude, die ihr Hugo bald haben würde.
Am Nachmittag ging Hugos Vater mit Hugo spazieren. »Dass ihr ja nicht vor fünfzehn Uhr zurückkommt?«, sagte Hugos Mutter geheimnisvoll.
Als Hugo und sein Vater vom Osterspaziergang zurückkamen, war alles genauso wie im Traum von Hugos Mutter: Der Teppich, die Sitzbank, die Geschenke, die Küken und Hugos Augen. (Nur Hugos Vater schaute entsetzt. Doch vor lauter Glück über das Glück in Hugos Augen fiel das Hugos Mutter nicht auf.) Es wurde ein Ostern wie noch nie! Hugo spielte mit den Küken. Er sagte nicht, wie früher oft: »Mir ist so langweilig!« Er aß, was sonst selten vorkam, seinen Teller schnell leer, damit er wieder zu seinen Küken laufen konnte, und er freute sich, was niemand für möglich gehalten hätte, sogar auf die Schule. »Die werden alle staunen«, sagte er, »wenn ich ihnen von meinen lebendigen Küken erzähle!«

Am Dienstag nach Ostern ging Hugos Mutter zum Blumenladen. Sie wollte die Blumenfrau fragen, ob Hugo

die Küken nicht noch ein paar Tage behalten dürfe, weil er sie so liebgewonnen habe.
Der Blumenladen war geschlossen. Die Blumenfrau wird den Osterurlaub verlängert haben, dachte Hugos Mutter und freute sich.
Sie kaufte in der Tierhandlung eine Tüte Kükenfutter und lief nach Hause. Wie sie zur Wohnungstür kam, hörte sie drinnen in der Wohnung Hugos Vater schimpfen und Hugo weinen.
Hugos Mutter machte die Wohnungstür auf und sah ihren Hugo. Er hielt ein Paket in der Hand. Darauf stand: *Siam-Patna-Reis-1A-Qualität.* Der Vorzimmerboden war voll Reis. Die Küken pickten Reis, und Hugos Vater rief: »Jetzt schau dir die Schweinerei an!«
Und Hugo schluchzte: »Mama, ich habe doch nur Magd auf dem Bauernhof gespielt!«
»So hör doch zu schimpfen auf«, flüsterte Hugos Mutter Hugos Vater zu.
»Unser Hugo ist doch so glücklich mit den Wusi-Henderln!«
Hugos Vater hörte zu schimpfen auf. Er sagte kein Wort, als seine gute Hose, die er über einen Stuhl gelegt hatte, voll Kükendreck war. Er sagte kein Wort, als die Nachbarin kam und schnüffelte und fragte, was denn da so stinke. Doch als er in der nächsten Nacht zehnmal munter wurde, weil sich die Küken sein Bett und seinen Bauch als Schlafplatz ausgesucht hatten, da wurde es ihm zu bunt.

Am nächsten Morgen sagte Hugos Vater: »Ich habe die Grippe!« Er blieb im Bett, bis Hugo zur Schule und Hugos Mutter einkaufen gegangen war. Dann sprang er aus dem Bett, zog sich an, sammelte die Küken in eine Schachtel und trug sie zum Blumenladen.

Der Blumenladen war noch immer geschlossen. Am Rollbalken hing ein weißer Zettel mit schwarzem Rand, auf dem stand, dass die Blumenfrau zu Ostern bei einem Verkehrsunfall ums Leben gekommen war.

Hugos Vater stellte die Schachtel mit den Küken vor den Rollbalken. Es war ein kalter Tag. Die Küken piepsten und drängten sich verschreckt in einer Schachtelecke zusammen.

Hugos Vater wollte schnell weggehen, aber da kam eine alte Frau. Die schaute zuerst auf die Kükenschachtel, dann auf Hugos Vater und sagte: »He, Mann, die Küken erfrieren hier doch!«

»Die Küken gehören der Blumenfrau!«, sagte Hugos Vater.

»Die Blumenfrau ist tot!«, sagte die alte Frau und zeigte auf den weißen Zettel mit dem schwarzen Rand. Und dann schaute sie Hugos Vater so sonderbar an, dass er die Kükenschachtel wieder nahm und wegging.

Bis zur Straßenbahnhaltestelle ging Hugos Vater mit der Kükenschachtel. Dort drehte er sich um und schaute zurück. Die alte Frau stand noch immer beim Blumenla-

den. Hugos Vater dachte: Die ist sicher kurzsichtig, die kann mich nicht mehr sehen!
Bei der Straßenbahnhaltestelle war nur ein kleines Mädchen, das guckte in den Himmel und bohrte dabei in der Nase. Hugos Vater dachte: Die schaut in den Himmel, die bemerkt sicher nichts! Er stellte die Kükenschachtel neben die Haltestellentafel und ging langsam weiter. Er hatte kaum fünf Schritte gemacht, da rief das nase-bohrende Mädchen: »Hallo, bitte …« Er machte noch drei schnelle, große Schritte, dann hatte ihn das Mädchen eingeholt. Es bohrte nicht mehr in der Nase, sondern machte einen Knicks und hielt ihm die Kükenschachtel entgegen.

Da gab Hugos Vater auf. »Danke, mein liebes Mädchen«, seufzte er und trug die Schachtel nach Hause.
Als Hugos Mutter vom Einkaufen nach Hause kam, liefen die Küken wieder fröhlich auf dem Teppich herum. Hugos Vater lag im Bett. Er sah blass und traurig aus. Hugos Mutter wunderte sich nicht darüber. Grippekranke Leute schauen oft blass und traurig aus.

Die ganze nächste Woche über war Frieden in Hugos Familie. Hugo ging in die Schule, kam nach Hause und spielte mit den Küken. Hugos Mutter freute sich, weil Hugo so zufrieden war. Und Hugos Vater machte jeden Tag vier Überstunden und kam erst spät am Abend nach Hause. Da schliefen die Küken längst. Krach gab es erst am Sonntag beim Mittagessen.
Eine große Schüssel Hühnerreis – aus dänischen, gefrorenen Hühnerbrüsten – stand auf dem Tisch. Die Küken saßen rund um die Hühnerreis-Schüssel und wärmten sich am Schüsselrand. Hugos Vater erzählte Hugos Mutter vom Büro und von seiner Arbeit. Hugos Mutter erzählte Hugos Vater von ihrer Freundin Lore und vom letzten Kaffeetratsch. Und Hugo klaubte die Erbsen aus seinem Hühnerreis. Weil er Erbsen nicht ausstehen konnte. Er legt die Erbsen auf das Tischtuch. In Zweierreihen. Wie Schulkinder, die einen Ausflug machen. Und eine Erbse legte er neben die Zweierreihe. Die war ein bisschen größer als die anderen, und die war der Lehrer. Wie nun die Küken die Erbsen sahen, wuselten sie aufgeregt vom Schüsselrand weg und zu den Erbsen hin, über den Teller von Hugos Vater drüber, mitten durch seinen Hühnerreis. Und dann stritten sie sich um die Erbsen. Pickten Erbsen und pickten aufeinander los. Sie stießen und drängten, gelber Kükenflaum flog herum, und Hugos Limonadenglas kippte um.
Die Limonade floss über den Tisch und tropfte auf die

Hose von Hugos Vater, und der sprang auf und brüllte: »Jetzt ist aber Schluss!«
»So sei doch nicht so böse«, sagte Hugos Mutter.
»Ich bin noch viel böser«, rief Hugos Vater. »Von Tag zu Tag werden die Viecher größer und lästiger!« Hugos Vater beutelte Limonadentropfen von seiner Hose und zeigte dabei auf die Hosenbeine, auf viele kleine grauweiße Tupfen, die eingetrockneter Hühnerdreck waren. »Soll ich denn im Hühnerdreck verkommen?«, brüllte er.
»Du brauchst nicht im Hühnerdreck zu verkommen«, sagte Hugos Mutter. »Den putze ich schon weg.« Und dann sagte sie noch: »Ich putze nämlich hier allen Dreck! Deinen auch!«
Aber Hugos Vater war nun schon ganz wütend und brüllte: »Aber ich scheiße weder meine Hosen noch den Teppich voll!«
So einen schrecklich ordinären Satz hatte Hugos Mutter überhaupt noch nicht gehört. Sie wurde ganz weiß im Gesicht. Weiß wie ein altes Leintuch. Und Hugo begann vor Schreck zu zittern. Er zitterte am ganzen Körper. Er zitterte wie noch nie im Leben. (Nicht einmal in der Geisterbahn, als ihm das Gerippe mit fünf Knochenfingern übers Gesicht gefahren war, hatte er so gezittert.)
Hugos leintuchweiße Mutter nahm ihren Hugo in die Arme und flüsterte: »Hugo, mein Hugo, hör doch zu zittern auf. Ich verspreche dir, du darfst deine geliebten

Pip-Hendi behalten. Ich werde das schon machen, mein allerliebster Hugo!«
Da zog sich Hugos Vater eine andere Hose an. Eine, die nur einen einzigen weiß-grauen Tupfer hatte, und ging in die Wirtschaft an der Ecke, ein großes Bier trinken.
Als Hugos Vater mitten in der Nacht heimkam, saß Hugos Mutter im Bett und war gar nicht mehr leintuchweiß.
»Lieber Mann«, sagte sie zu Hugos Vater, »du hast heute unserem Hugo das ganze Glück aus den Augen gestohlen. Das darf nicht wieder vorkommen!« Sie zeigte zum Kinderzimmer hin. »Der Arme zittert noch im Schlaf!«
Und dann erklärte Hugos Mutter Hugos Vater, dass sie eine Lösung für das Problem habe. Sie sagte: »In zwei Monaten bekommen wir das Geld von unserem Bausparvertrag. Dann können wir dem alten Onkel Egon den Schrebergarten abkaufen. Dort gibt es einen Hühnerstall! Dorthin geben wir dann die Küken. Da stören sie dich nicht mehr. Und Hugo kann weiter glücklich sein!«
So redete Hugos Mutter über eine Stunde auf Hugos Vater ein und streichelte ihn dabei auch zärtlich. Und endlich seufzte Hugos Vater und murmelte: »Na schön! Kaufen wir den verdammten Garten!« Und dann schlief er gleich ein.
Von dieser Nacht an schluckte Hugos Vater jeden Morgen vier Beruhigungspillen und wartete, dass die Zeit verging und das Geld für den Garten kommen würde.
Die Küken waren jetzt keine flaumigen Bällchen mehr,

sondern rebhuhngroße, zerzauste Junghühner. Sie piepsten nicht mehr, sondern krächzten merkwürdig und laut. Außerdem konnten sie einen Meter hoch und zwei Meter weit fliegen, und Dreck machten sie wie richtige Hühner.

Ein einziges Mal noch tat Hugos Vater etwas gegen die Hühner: Eines Morgens kam er ins Badezimmer, da hockten sie zu sechst in der Badewanne und ließen sich weder durch gute noch durch böse Worte vertreiben, und da bekam Hugos Vater eine Riesenwut und drehte die kalte Brause auf, und die Hühner kreischten entsetzt los und flatterten klatschnass aus der Wanne und aus dem Badezimmer.

Hugos Mutter wickelte sofort jedes Huhn in ein vorgewärmtes Handtuch und legte sie auf die Sitzbank zum Trocknen und sprach zärtlich und leise auf die Handtuchrollen ein.

Zu Hugos Vater sagte sie nur: »Gottlob, dass Hugo noch schläft. Wenn er das gesehen hätte, wäre er krank geworden vor Kummer!«

Hugo – das muss gesagt werden – hatte die Hühner, seit sie so groß und fett waren, gar nicht mehr lieb. Sie gingen ihm sogar unheimlich auf die Nerven. Sie hockten auf seinem Tisch und verdreckten sein Lesebuch. Sie peckten Löcher in seinen Lieblingsteddy, zupften ihm die Holzwolle aus dem Bauch. Sie zerscharrten Hugos

halbgelegtes Puzzle und weckten ihn oft schon gackernd und kreischend eine Stunde, bevor sein Wecker klingelte.
Doch Hugo konnte seiner Mutter nicht sagen, dass er die Hühner nicht mehr lieb hatte. Es ist nicht einfach zu erklären. Ungefähr war es so:
Hugo wusste, dass ihn seine Mama für einen Hugo hielt, der Hühner enorm liebte. Und da glaubte er, dass seine Mama nur einen Hugo, der Hühner liebte, gern haben konnte. Von einem Hugo, der Hühner nicht ausstehen konnte, dachte er, wäre seine Mama bitter enttäuscht. Einen solchen Hugo, meinte er, könne seine Mama nicht lieb haben. Und er wollte natürlich, dass ihn seine Mama lieb hatte. Also tat er weiter so, als ob er die verdammten Hühner sehr, sehr lieb hätte.
Es war wirklich nicht einfach für ihn!
Hugos Mutter hatte natürlich davon keine Ahnung. Sie versorgte die Hühner, putzte – so gut es ging – ihren Dreck und tätschelte dreimal täglich Hugos Wangen und versprach ihm, die lieben Wusi-Hendi ewig zu erhalten. Die Hühner hockten zufrieden dabei, und zwei gackerten so sonderbar, dass Hugos Mutter sagte: »Hugo, ich denke, du bekommst zwei wunderbare Hähne!«
Hugos Vater ging dieser Satz mitten durch den Bauch! Hugos Vater schnitt dieser Satz ins Herz! Zwei Hähne! Zwei Hähne, die jeden Morgen kikeriki riefen!
Hugos Vater begann von zwei Hähnen zu träumen. Ihm

wurde übel, wenn er ein Foto von einem Hahn sah. Er bekam Durchfall, wenn er an einer Wirtschaft ein Schild mit der Aufschrift: *Brathähnchen* las.
Man kann ruhig sagen: Seine Angst vor den zwei Hähnen war noch größer als sein Ärger mit den sechs Hühnern.
Hugos Vater hatte bloß eine Hoffnung: Das Geld vom Bausparvertrag, den Garten vom Onkel Egon und die Hühnerställe. (Und im übrigen hatte er keine Ahnung, dass sein Sohn dieselbe Hoffnung hatte.)
Leider starb eine Woche, bevor die Sparkasse das Bausparvertragsgeld an Hugos Vater auszahlen sollte, der alte Onkel Egon. Und den Schrebergarten erbte der Cousin Albert. Der wollte den Schrebergarten nicht verkaufen. Der wollte den Hühnerstall abreißen, ein Haus bauen und Erdbeeren pflanzen.
Hugos Vater war verzweifelt. Er rannte in der ganzen Stadt herum und fragte jeden, den er kannte, und viele, die er nicht kannte, ob sie einen Schrebergarten mit Hühnerstall zu verkaufen hätten. Einige Leute hatten wirklich Schrebergärten zu verkaufen – sogar mit Hühnerstall –, aber sie verlangten unheimlich viel Geld. Viel mehr Geld, als Hugos Vater zu erwarten hatte.
»Wir können uns keinen Schrebergarten mit Hühnerstall leisten«, sagte Hugos Vater total erschöpft, als er eines Abends vom Schrebergarten-Suchen heimkam. Hugo, der gerade beim Fernseher saß und die Gutenachtgeschichte anschaute, fuhr hoch und rief: »Nein!«

Ganz entsetzt rief er. Und hinterher murmelte er noch dreimal tief erschüttert: »Nein, nein, nein!« (Er hatte sich schon so sehr auf den Schrebergarten und die hühnerfreie Wohnung gefreut.)
Hugos Mutter, die auch der Gutenachtgeschichte zugesehen hatte, legte Hugos »Nein!«, falsch aus. »Keine Angst, mein Hugolein«, sagte sie. »Wir werden es auch ohne Garten schaffen. Deine Hühner kannst du behalten!«
Hugos Vater war vom Schrebergarten-Suchen schon so erschöpft, dass er überhaupt nichts dagegen sagte. Er legte sich ohne Nachtmahl ins Bett, schlief ein und träumte einen von den schrecklich-bösen Hähnen-Träumen. Den, wo ihm zwei blutrote Hähne Maiskörner aus dem Nabel herauspickten und er ganz entsetzt war, dass so viele Maiskörner in seinem Nabel Platz hatten.

Eines Tages war Hugo allein zu Hause. Hugos Vater war im Büro, Hugos Mutter beim Friseur. Hugo wollte seine Rechenaufgabe machen. Sein Rechenheft hatte er schon auf dem Tisch liegen. Da musste er dringend aufs Klo. Und als er vom Klo zurückkam, hockten die zwei fettesten Hühnerviecher auf seinem Tisch und stritten um sein Rechenheft. Jedes hatte ein Heftblatt im Schnabel und zerrte und riss und scharrte dabei.
Hugo sagte sich, dass es so nun wirklich nicht länger weitergehen könne! Er dachte sehr lange nach. Und da fiel

ihm ein, dass er die Hühner heimlich wegbringen könnte. Dass seine Mama ganz sicher nie im Leben auf den Gedanken kommen würde, ihr Hugo habe das getan. Ganz sicher würde sie glauben, Hugos Papa habe es getan. Mein Papa, dachte Hugo, ist groß und stark. Der hält es leicht aus, wenn ihn die Mama nicht mehr lieb hat!
Hugo holte den großen Wanderrucksack aus der Abstellkammer, und dann holte er ein Huhn von der Stehlampe herunter, eins zog er aus seinem Bett heraus, eins unter der Spüle hervor und eins nahm er vom Bücherregal. Mehr als vier Hühner gingen in den Wanderrucksack leider nicht hinein.

Hugo nahm den Rucksack auf den Rücken und verließ das Haus. Er marschiert bis zur Schrebergarten-Siedlung *Birnenglück*, ging den Hauptweg hinunter, bog in einen Nebenweg ein, nahm den Rucksack vom Rücken und öffnete ihn. Die Hühner flatterten heraus, kreischten wütend und liefen weg.
Hugo seufzte erleichtert, nahm den leeren Rucksack, lief den Nebenweg zurück, bog in den Hauptweg ein,

schaute sich beim Einbiegen um und sah, dass seine Hühner in einen Garten gekrochen waren, und in dem Garten waren Hühnerställe, und seine Hühner wurden gerade von einem Dutzend anderer Hühner begrüßt.
Obwohl Hugo die Hühner gar nicht mehr lieb hatte, freute er sich doch, dass sie es so gut getroffen hatten.
Als Hugo nach Hause kam, waren Hugos Mutter und Hugos Vater schon zu Hause. Hugos Mutter kroch auf allen vieren durch die Wohnung und klagte dabei: »Wusi-wusi-Pipi-Hendi, wo seid ihr?«
Und Hugos Vater saß auf der Sitzbank und hielt beschwörend die rechte Hand auf die Brust gedrückt und rief: »Ich schwöre, ich habe ihnen nichts getan, ich schwöre, ich bin unschuldig!«
Hugo stellte den Rucksack in die Abstellkammer, dann ging er ins Wohnzimmer. »Mama, was ist denn geschehen?«, fragte er. Hugos Mama erhob sich, nahm ihren Hugo fest in die Arme und sagte: »Hugo, es sind nur mehr zwei Pipi-Hendi da!« Hugo versuchte ein sehr trauriges Gesicht zu machen. Um seine Mama nicht zu enttäuschen. Um seiner Mama geliebter Hugo zu bleiben. Er schluchzte unheimlich echt: »Wo sind denn meine lieben Henderln?«
»Ein schlechter Mensch hat sie weggetragen«, sagte Hugos Mutter und schaute Hugos Vater dabei bitterböse an. »Einer, dem saubere Hosen wichtiger sind als deine glücklichen Augen!«

Und bevor Hugos Vater noch irgendetwas sagen konnte, nahm Hugos Mutter die letzten zwei Hühner von der Hutablage, klemmte sie unter die Arme und rief: »Komm, Hugo, wir übersiedeln zur Oma! Dort sind wir alle in Sicherheit!« Und dann fügte sie noch hinzu: »Und gleich morgen kaufe ich dir vier neue Pipis, damit du wieder fröhliche Augen bekommst!«
Hugo zögerte.
»Na, komm schon, Hugo«, rief Hugos Mutter.
Hugo wollte nicht kommen. Hugo wollte nicht zur Oma. Hugo wollte mit seinem Papa Lego spielen. Hugo wollte – um Himmels willen – nicht vier neue Hühner haben! Und sein Papa saß so traurig auf der Sitzbank. Er war zwar groß und stark, aber er schien es doch nicht so gut auszuhalten, dass ihn die Mama nicht mehr lieb hatte. So sagte Hugo also: »Die vier Hühner habe ich weggetragen! Im Rucksack! Sie sind mir auf die Nerven gegangen! Es tut mir Leid, aber ich mag keine Hühner!«

Zum Nachtmahl gab es zwei gebratene Hühner und Pommes frites dazu, und Hugos Mutter sagte, dass frisches Hühnerfleisch eben doch viel besser schmeckt als tiefgefrorenes. Und dann ging Hugos Mutter in die Küche und buk für Hugo ein Himbeer-Soufflé, weil Hugo schrecklich gern Himbeer-Soufflé aß und Himbeer-Soufflé schrecklich viel Arbeit macht. Damit Hugo merkte, dass sie auch einen Hugo, der Hühner nicht leiden mochte, sehr gern hatte.

Hugo half seiner Mama beim Soufflébacken. Er reichte ihr ein Ei nach dem anderen, damit die Mama die Eier aufschlagen und mit dem Quirl schaumig rühren konnte. Dann war nur noch ein winzig kleines Ei auf dem Küchentisch. »Das auch noch?«, fragte Hugo.
»Nein, das nicht!«, sagte Hugos Mutter.
Das winzig kleine Ei hatte sie nämlich im Bauch eines der Nachtmahlhühner gefunden, als sie die Hühner ausgenommen hatte.
Hugos Mutter legte den Quirl weg, nahm das winzig kleine Ei in die Hand und streichelte es. Einen Augenblick lang schaute sie traurig drein, fast so, als ob sie weinen wollte. Doch dann lachte sie und legte das winzig kleine Ei in die Brotdose und sagte: »Das Ei hebe ich mir ewig auf, Hugo. Das Ei soll mich immer daran erinnern, dass jeder Hugo selber am besten weiß, was er gern hat.«
Da freute sich der Hugo sehr.
Und sooft er jetzt ein Stück Brot aus der Brotdose holt, schaut er nach, ob das winzig kleine Ei noch da ist. Und das Ei ist noch da.

Eduard Mörike

Er ist's

Frühling lässt sein blaues Band
Wieder flattern durch die Lüfte;
Süße, wohl bekannte Düfte
Streifen ahnungsvoll das Land.
Veilchen träumen schon,
Wollen balde kommen.
– Horch, von fern ein leiser Harfenton!
Frühling, ja du bist's!
Dich hab' ich vernommen!

Astrid Lindgren
Ich bekomme ein Lämmchen

Am lustigsten ist es vielleicht im Frühling. Inga und ich versuchen immer herauszufinden, wann es am lustigsten ist. Inga findet, es ist im Sommer am lustigsten, und ich finde, es ist im Frühling am lustigsten. Und dann natürlich zu Weihnachten – das findet Inga auch.

Nun will ich etwas erzählen, was im Frühling geschah. Wir haben sehr viele Schafe hier in Bullerbü, und die bekommen jedes Jahr Lämmchen. Lämmchen sind das Niedlichste, was es gibt. Sie sind niedlicher als Kätzchen und junge Hunde und Schweinchen. Ich finde, sie sind beinahe noch niedlicher als Kerstin – aber das wage ich nicht zu sagen, wenn Ole in der Nähe ist.

Während der Zeit, in der die Schafe ihre Lämmchen bekommen, laufen wir jeden Morgen zum Schafstall, um zu sehen, wie viele Lämmchen während der Nacht hinzugekommen sind. Wenn man die Tür zum Schafstall öffnet, blöken alle Schafe, sosehr sie nur können. Die Lämmchen blöken zart und fein und nicht so dumpf wie die Mutterschafe und die Widder. Fast jedes Mutterschaf bekommt zwei Lämmchen.

An einem Sonntagmorgen, als ich in den Schafstall hinunterkam, sah ich ein Lämmchen tot im Stroh liegen. Ich

lief sofort zu Vati und erzählte es ihm. Und er kam mit und sah nach, warum das Lämmchen tot war. Es war gestorben, weil das Mutterschaf keine Milch im Euter gehabt hatte. Das arme kleine Lämmchen! Es hatte sterben müssen, weil es nicht genügend zu essen bekommen hatte. Ich setzte mich auf die Schwelle zum Schafstall und weinte. Bald kam auch Inga und bekam alles zu hören, und da weinte sie auch.

»Ich will nicht, dass Lämmchen sterben müssen!«, sagte ich zu Vati.

»Das will doch niemand«, sagte Vati. »Aber hier ist noch ein Lämmchen, das wohl sterben muss.«

Er zeigte auf ein kleines Lämmchen, das ganz elend in seinem Arm lag. Es war der Bruder des toten Lämmchens. Es konnte natürlich auch keine Milch von seiner Mutter bekommen. Und Milch ist das Einzige, was neugeborene Lämmchen vertragen können. Deshalb sagte Vati jetzt auch, dass wir das Brüderchen des toten Lämmchens schlachten müssten, damit es nicht auch verhun-

gere. Als wir das hörten, weinten Inga und ich noch mehr. Wir weinten ganz jämmerlich.
»Ich will nicht, dass Lämmchen sterben müssen«, schrie ich und warf mich auf die Erde.
Da hob Vati mich auf und sagte:
»Weine nicht, Lisa!« Und dann sagte er: »Du könntest ja versuchen, dies kleine Lämmchen mit der Flasche aufzuziehen. Genau wie ein Wickelkind.«
Oh, wie wurde ich froh – ich glaube nicht, dass ich jemals so froh gewesen bin. Ich hatte gar nicht gewusst, dass man Lämmchen füttern kann wie Wickelkinder. Vati sagte, ich solle nicht allzu sicher sein, dass es mir gelingen würde. Er glaubte, das Lämmchen würde trotzdem sterben, aber er wollte es mich immerhin versuchen lassen.
Inga und ich liefen zu Tante Lisa. Oles Mutti gab uns eine Flasche mit einem Sauger. Als Kerstin noch ganz klein gewesen war, hatte sie damit ihre Milch bekommen. Dann liefen wir wieder zu Vati.

»Vati, könnten wir dem armen Lämmchen nicht etwas Sahne zu trinken geben?«, fragte ich.
Aber da sagte Vati, wenn ich dem Lämmchen Sahne gäbe, würde es bestimmt krank werden. Sein Magen könnte nur Milch vertragen, die mit Wasser verdünnt sei. Vati half mir die Milch verdünnen, und dann wärmten

wir die Flasche in heißem Wasser. Und dann steckte ich dem Lämmchen den Sauger ins Mäulchen. Und, stellt euch vor, es begann sofort zu saugen. Man konnte sehen, wie hungrig es war.

»Jaja, nun bist du die Pflegemutter dieses Lämmchens«, sagte Vati. »Aber es muss von früh bis spät zu essen bekommen. Du darfst also nicht die Lust verlieren.«

Inga sagte, wenn ich die Lust verlieren sollte, brauchte ich ihr nur Bescheid zu sagen, sie würde dann das Lämmchen sehr gern für mich füttern. Aber ich sagte:

»Haha, du glaubst doch wohl nicht, dass man die Lust verliert, Lämmchen zu füttern?

Ich taufte das Lämmchen Pontus, und Vati sagte, es sei nun mein eigenes Lämmchen. Es war ein Glück, dass alles geklärt war, bevor Lasse und Bosse an diesem Sonntagmorgen aufwachten, sonst hätte es bestimmt noch wegen Pontus Krach gegeben, glaube ich.

»Dass man sich an einem Sonntag nicht einmal richtig ausschlafen kann, ohne dass Lisa gleich ein Lämmchen bekommt«, brummte Lasse und war schon ein wenig böse, weil nicht er es gewesen war, der Pontus bekommen hatte.

In der ersten Zeit waren immer alle Kinder aus Bullerbü dabei, wenn ich Pontus fütterte. Aber bald blieben sie weg.

Es ist merkwürdig, wie hungrig Lämmchen sind. Mir scheint, sie sind fast immer hungrig. Jeden Morgen, bevor ich zur Schule ging, rannte ich zum Schafstall und gab Pontus zu trinken. Sobald er mich sah, kam er angelaufen und wackelte mit seinem kleinen kurzen Stummelschwanz und blökte so süß. Er war vollkommen weiß, aber auf der Nase hatte er einen kleinen schwarzen Fleck; man konnte ihn also gut von den anderen Lämmchen unterscheiden. Wenn ich in der Schule war, gab Agda ihm die Flasche. Aber sobald ich wieder zu Hause war, musste ich ihm eine neue Mahlzeit geben. Und spät am Abend musste Pontus wieder etwas haben. Einmal bat ich Inga, Pontus zu füttern, aber da sagte sie:

»Morgen! Heute habe ich keine Zeit.«

Aber ich hatte Vati versprochen, Pontus zu füttern und die Lust nicht zu verlieren – und ich verlor sie nicht und fütterte ihn. Ich hatte Pontus doch so schrecklich gern. Am liebsten mochte ich ihn, wenn er sich so freute, mich zu sehen. Pontus dachte sicher, ich sei seine richtige Mutter. Ich fragte Lasse und Bosse, ob sie nicht auch glaubten, dass Pontus glaube, ich sei seine richtige Mutter, und Lasse sagte:

»Sicher glaubt er das. Du siehst doch genauso aus wie ein Schaf.«

Eines schönen Tages sagte Vati zu mir, ich müsse Pontus beibringen, seine Milch aus einer Schüssel zu trinken. Pontus könne ja schließlich seine Milch nicht aus der Flasche trinken, bis er ein großer Widder sei.

Armer Pontus! Er konnte einfach nicht begreifen, warum ich plötzlich ankam und ihm eine Schüssel vor die Nase setzte. Er wusste nicht, wie er es anstellen sollte zu trinken. Er schnupperte an mir herum, suchte die Flasche und blökte kläglich.

Bosse war dabei und sah zu.

»Trink schon die Milch«, sagte er zu Pontus. »Sei nicht so dumm, du brauchst doch nur anzufangen zu trinken.«

Ich wurde sehr böse auf Bosse.

»Pontus ist gewiss nicht dumm«, sagte ich. »Du hast keine Ahnung von Lämmchen.«

Aber Pontus schnupperte nur an der Milch herum und blökte kläglich.

Auf jeden Fall verstehe ich mich besser auf Lämmchen als Bosse. Denn ich fand den Kniff! Ich steckte meine Hand in die Milch. Und denkt nur, da begann Pontus, an meinen Fingern zu saugen. Er saugte und saugte und schlürfte auf diese Weise die ganze Milch in sich hinein. Etwas verkleckerte er natürlich. Von diesem Tage an saugte Pontus immer an meinen Fingern und trank so seine Milch. Aber eines Morgens, als er so richtig, richtig hungrig war, konnte er nicht abwarten, bis ich meine Hand in die Milch getaucht hatte. Er fing einfach an, allein zu trinken. Und es ging großartig. Danach brauchte er niemals mehr an meinen Fingern zu saugen. Das war eigentlich schade, denn er war so lieb, wenn er dastand und saugte.

Als es im Frühling wärmer wurde, ließ man die Lämmer auf unsere Weide. Die Lämmchen sollten lernen, Gras zu fressen. Milch mussten sie aber immer noch bekommen. Nun ging ich also jeden Tag mit meiner Milchschüssel zur Schafweide hinaus. Wenn ich an den Zaun kam, brauchte ich mich nur hinzustellen und laut »Pontus« zu rufen. Dann hörte man ein zartes Blöken weit hinten auf der Weide, und dann kam Pontus in voller Fahrt angesetzt, und sein kleines Stummelschwänzchen wackelte hin und her.

Jetzt ist Pontus so groß geworden, dass er keine Milch mehr bekommt. Er frisst Gras und knabbert Blätter und ist sehr brav und wird sicherlich noch ein großer und prächtiger Widder.

Wer weiß, vielleicht bekomme ich noch öfter in meinem Leben Lämmchen. Oder vielleicht Hunde oder Katzen oder Kaninchen. Aber nichts so Süßes wie Pontus. Nie, nie, niemals werde ich ein Tier so lieben, wie ich Pontus liebe.

KNISTER

Der April auf Reisen

Wie ihr sicher wisst, gibt es im Jahr zwölf Monate, die aufeinander folgen. Es sind der Januar, der Februar, der März, der April, der Mai, der Juni, der Juli, der August, der September, der Oktober, der November und der Dezember.
Jeder Monat hat, wenn er an der Reihe ist, eine ganz bestimmte Aufgabe zu erfüllen: Der Mai erinnert zum Beispiel die Sonne daran, dass sie jetzt wärmer strahlen muss. Und der Oktober ruft den Wind und kräftige Herbststürme. Die blasen so heftig, dass jedermann weiß, dass der Sommer endgültig vorbei ist. Die übrige Zeit des Jahres haben die Monate frei. Das kann für sie manchmal sehr langweilig sein. An einem verschneiten Winterabend schrieb darum der März seinem Nachbarmonat April einen Brief:

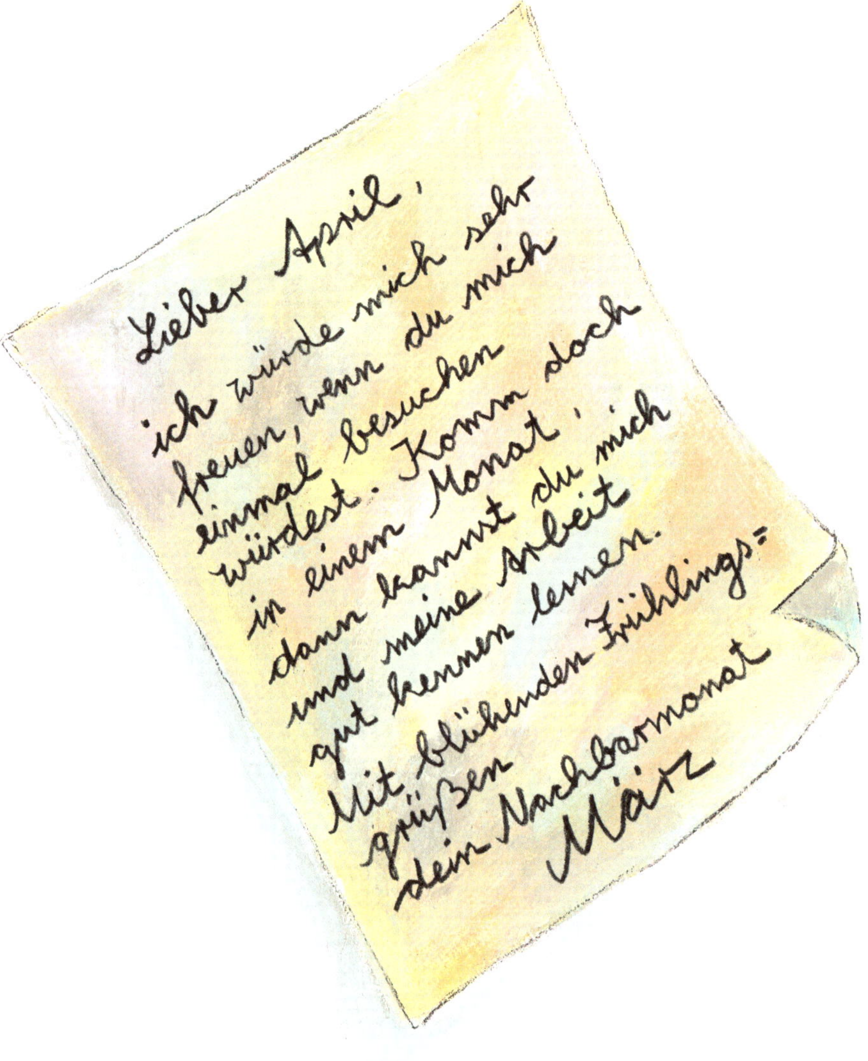
Lieber April,
ich würde mich sehr
freuen, wenn du mich
einmal besuchen
würdest. Komm doch
in einem Monat,
dann kannst du mich
und meine Arbeit
gut kennen lernen.
Mit blühenden Frühlings=
grüßen
dein Nachbarmonat
März

Der April freute sich sehr über diese Einladung und machte sich kurz entschlossen in seinem Wagen auf den Weg. Aber schon bald war seine Reise zu Ende, weil der März Berge von Schnee und eisigen Frost bescherte. Der April blieb mit seinem Wagen in den Schneemassen stecken und hatte keine andere Wahl als umzukehren. Aber er war von dem Plan, den März zu besuchen, so begeistert, dass er, kaum zu Hause angekommen, unverdrossen seinen Schlitten aus dem Schuppen holte und erneut Richtung März fuhr.

Aber der März hielt wieder eine Überraschung für ihn bereit: Er machte es so warm, dass der Schnee schmolz und der April mit seinem Schlitten nicht mehr vorwärts kam. Und so musste er wieder umkehren. Mühsam zog er seinen Schlitten zurück.

Auf dem Rückweg traf er den Nachbarn Mai. Ihm klagte er sein Leid: »Stell dir vor, der März hat mich eingeladen, ihn zu besuchen. Nun bin ich schon zum zweiten Mal unterwegs zu ihm, doch ich

schaffe es wieder nicht. Zuerst hab ich's mit dem Wagen probiert und bin im Schnee stecken geblieben. Dann hab ich den Schlitten genommen, und prompt fing es an zu tauen. Selbst mit dem Wagen käme ich jetzt kaum durch, weil das Schmelzwasser sogar die Flüsse über die Ufer treten lässt und alles überflutet.«

Der Mai lachte. »Ich glaube, der März will dir einen Streich spielen und sich über dich lustig machen. Wie wär's, wenn du ihn überlisten würdest? – Nimm doch einfach den Wagen, den Schlitten und dein Boot mit, dann wirst du mit jedem Wetter fertig.«

Der April fand den Vorschlag des Mai sehr gut und machte sich mit allen drei Fahrzeugen ein drittes Mal auf den Weg. Draußen schneite es wieder, also fuhr er mit dem Schlitten los. Der März aber wollte ihn erneut hereinlegen und sandte warmes Wetter, so dass der Schnee schmelzen musste. Da packte der April Schlitten und

Boot auf den Wagen, band mit einem dicken Strick alles gut fest und fuhr unbeirrt weiter. Kurz darauf wurde es aber wieder kalt. Es fror und schneite so sehr, dass der April mit seinem Wagen in den Straßengraben schlitterte.

Der April ließ sich nicht entmutigen. »Ich wollte dich kennen lernen, und nun sollst du mich kennen lernen!«, schimpfte er, schnürte mit steif gefrorenen Fingern Wagen und Boot auf den Schlitten und setzte seinen Weg fort.

Nun schickte der März heftige Regenschauer und ein starkes Tauwetter, so dass die Wassermassen alles überschwemmten. »Jetzt erst recht!«, lachte der April, lud Wagen und Schlitten ins Boot und setzte seine Reise fort.

Der März staunte nicht schlecht, als der April bei ihm vor Anker ging.

»Sag, wie hast du das denn geschafft?«, fragte er seinen Nachbarmonat.

Schmunzelnd erzählte der April ihm alles. Auch, dass der Mai ihm geholfen hatte, den März zu überlisten.

»Na, warte!«, rief der März erbost. »Dem Mai werd ich's heimzahlen!«
Und seit dem Tage schickt er dem Mai regelmäßig ein paar tüchtige Nachtfröste. Auch heute noch.
Den April aber kann nun kein Wetter mehr schrecken. Gleich, ob Schnee oder Eis, ob Regen oder Sonnenschein, der April ist für wirklich jedes Wetter gut ausgerüstet und beweist uns das jedes Jahr aufs Neue.

(Nach einem alten Volksmärchen)

Christian Adolph Overbeck

Komm, lieber Mai

Melodie: Wolfgang Amadeus Mozart

2. Zwar Wintertage haben
wohl auch der Freuden viel.
Man kann im Schnee eins traben
und treibt manch Abendspiel,
baut Häuserchen von Karten,
spielt Blindekuh und Pfand,
auch gibt's wohl Schlittenfahrten
aufs liebe, freie Land.

3. Doch wenn die Vöglein singen
und wir dann froh und flink
auf grünem Rasen springen,
das ist ein ander' Ding!
Drum komm und bring vor allen
uns viele Veilchen mit,
bring auch viel Nachtigallen
Und schöne Kuckucks mit!

Marliese Arold

Der Mohnschnupfen

Die Sonne strahlt vom tiefblauen Himmel. Herrlich! Biene Sina freut sich. Seit ein paar Tagen darf sie mit den anderen Bienen das Bienenhaus verlassen. Aber heute will sie weiter fliegen als sonst. Draußen am Feldrand soll nämlich schon der rote Mohn blühen.

Wie warm die Luft ist! Und wie es überall duftet! Sina fliegt übermütig im Zickzack. Das macht solchen Spaß! Viele Freundinnen sind unterwegs. Manche fliegen schon mit Nektar bepackt zurück. Sina kriegt auf einmal Angst, dass sie zu spät kommen könnte. Vielleicht haben die anderen keinen Nektar mehr übrig gelassen! Da endlich: das Roggenfeld! Schon von weitem sieht Sina ein Meer von roten Blüten. Das ist der Mohn!

Aufgeregt landet Sina in einer roten Mohnblüte. Wie die Blüte leuchtet! Sina bekommt einen ganz wirren Kopf. Sie will ein bisschen Nektar naschen, aber auf einmal fängt ihre Nase an zu kitzeln.

»Ha-hatschi!«, niest Sina. Und gleich darauf noch einmal: »Hatschi!«

Sie muss so heftig niesen, dass sie aus der Blüte geschleudert wird und ins Gras fällt. Mühsam rappelt sich Sina wieder auf, klettert den Stängel hoch und taucht

aufs Neue in die Blüte. Sofort schwirrt ihr der Kopf. Und wie die Nase schon wieder kribbelt! Nicht zum Aushalten ist das!
Sina hält die Luft an, um das Niesen zu unterdrücken. Nur ein bisschen, bis sie den Nektar probiert hat. Doch Sina hat das Gefühl, dass sie gleich platzen muss.
»Ha-ha-hatschi!«
Und wieder purzelt sie ins Gras und liegt benommen auf dem Rücken. Es hätte nicht viel gefehlt, und Sina hätte angefangen zu heulen. So eine blöde Nieserei!
»Hast du dir wehgetan?«, fragt jemand besorgt. »Oder ist dir schlecht geworden?«
Sina schaut zur Seite. Neben ihr landet Julia, ihre beste Bienenfreundin. Sina erzählt ihr, was passiert ist.

»Schon zum zweiten Mal bin ich rausgeplumpst, weil ich niesen musste. Was ist das bloß?«
»Du hast Heuschnupfen«, antwortet Julia. »Da kribbelt die Nase, und die Augen fangen an zu brennen – ganz furchtbar!«
»Unsinn, es gibt doch noch kein Heu«, mault Sina.
»Dann hast du eben einen Mohnschnupfen«, meint Julia.

Sina ist überhaupt nicht begeistert. »Und was kann man dagegen machen?«
»Gar nichts«, erwidert Julia. »Du darfst eben nicht in die Nähe von Mohn kommen, sonst fängt die Nieserei gleich wieder von vorne an.«
Sina ist enttäuscht. Sie hat sich so auf den roten Mohn gefreut. Julia versucht, Sina aufzumuntern. »Komm mit, ich zeig dir was. Etwas, das die anderen noch gar nicht entdeckt haben!«
Die beiden Bienen fliegen zum Waldrand. Unten am Boden, zwischen den Sträuchern, blühen viele weiße Maiglöckchen. Wie süß sie duften!

»Oh Julia! Das sind ja wunderbare Blumen!«, ruft Sina entzückt. Julia und Sina sammeln so viel Nektar, wie sie tragen können. Schwer bepackt fliegen sie zum Bienenstock zurück. Unterwegs treffen sie die Biene Leila.
»Wonach riecht *ihr* denn?«, fragt Leila neugierig. »Alle anderen Bienen sind heute zu den Mohnblumen geflogen.«
»Rate«, sagt Julia.
»Schlüsselblumen?«, rätselt Leila. »Buschwindröschen?«
»Nein, Maiglöckchen«, antwortet Sina stolz.
»Hm, wie herrlich das duftet!«, meint Leila. »Den Platz müsst ihr mir morgen auch zeigen.«

Christian Bieniek

Schmetterlinge im Bauch

Tim hat ein Problem, und zwar ein sehr schönes. Es hat schwarze Locken, grüne Augen, lacht den ganzen Tag und heißt Sabrina. Sie ist nicht nur in Tims Klasse, sondern auch in seinem Hirn. Ja, ständig spukt Sabrina in seinen Gedanken herum, und das schon seit Wochen. Vorgestern hat Tim versucht, sich Sabrina aus dem Kopf zu schlagen. Und was war das Ergebnis? Eine Beule auf seiner Stirn.

Könnte es tatsächlich sein, dass Tim in Sabrina verliebt ist? Sein bester Freund Ludwig hat das schon mehrmals behauptet.

Wenn Tim ihn allerdings fragt, was Liebe überhaupt sein soll, zuckt Ludwig nur mit den Schultern. Oder er macht dumme Sprüche übers Küssen und Knutschen. So wie jetzt auf dem Schulhof.

»Steck ihr bloß nicht deine Zunge in den Mund!«, warnt er Tim. »So was machen die immer beim Knutschen im Fernsehen. Aber bei Sabrina musst du aufpassen. Deine Zunge würde nämlich dafür sorgen, dass sie alle ihre Wackelzähne auf einmal verliert.«

»Bist du wahnsinnig?«, faucht Tim seinen Freund an. »Statt Sabrina küsse ich lieber deine Schuhsohlen! Und jetzt lass uns endlich mal über was anderes reden. Wenn Sabrina uns hört, gibt's Ärger!«

Sabrina hat das schnellste und frechste Mundwerk auf der ganzen Schule, darum will sich niemand mit ihr anlegen. Ausgerechnet in diese Kratzbürste soll Tim sich verliebt haben? Unmöglich! Dann wäre die Liebe ja eine ganz schlimme Krankheit, die einen erwischt, ohne dass man sich dagegen wehren kann.

Am Nachmittag fasst Tim einen Entschluss.

»Raus!«, brüllt seine 15-jährige Schwester Birgit, als Tim ihre Zimmertür geöffnet hat.

»Ich bin noch gar nicht drin«, erwidert er.
»Hau ab! Und klopf gefälligst an, wenn du mich stören willst.« Tim schließt die Tür. Er ist so aufgeregt, dass er sich einen neuen Lakritzschmetterling in den Mund schiebt. Nachdem er eine Weile auf ihm herumgekaut hat, klopft er an.
»Verschwinde!«, schreit Birgit. »Ich muss Hausaufgaben machen!«
»In welchem Fach denn? Kosmetik? Du hattest gerade einen Lippenstift in der Hand.«
»Lass mich in Ruhe!«, knurrt Tims Schwester.
»Ich brauche deine Hilfe.«
»Wie viel?«
»Nein, ich will kein Geld«, erklärt Tim. »Ich will nur was wissen. Über Liebe. Ich hab Angst, dass ich mich damit angesteckt habe.«
»Mit Liebe?« Lachend öffnet Birgit ihre Tür. »Komm rein, du Spinner! Und erzähl mir, was los ist.«
Eine Minute später sitzt Tim auf Birgits Bett. Ehe er loslegt, steckt er sich noch ein Lakritz zwischen die Zähne.
»Es geht um Sabrina«, fängt er an. »Ein Mädchen aus meiner Klasse, das mir einfach nicht aus dem Kopf geht. Dauernd muss ich an Sabrina denken. Heißt das, ich bin in sie verknallt?«
»Nicht unbedingt. Vielleicht liegt's an der Jahreszeit. Es ist Frühling.«
»Na und?«

»Da geschehen oft merkwürdige Dinge mit einem«, sagt Birgit. »Weil ringsherum alles grünt und blüht und wächst, erwachen auch seltsame Gefühle in uns. Wenn es jetzt Winter wäre, dann wären deine Gefühle für Sabrina vielleicht so kalt wie ein Schneemann.«
»Hm.«
»Was ist denn mit deinem Bauch? Passiert da drin etwas, wenn du Sabrina siehst?«
Tim runzelt die Stirn. »Was soll denn da passieren?«
»Na ja, spürst du vielleicht ein komisches Kribbeln?«, fragt seine Schwester. »Fühlt es sich so an, als hättest du Schmetterlinge im Bauch?«
»Was für Schmetterlinge?«
Sabrina verdreht ungeduldig die Augen. »Stell dir vor, die ganzen Lakritzschmetterlinge, die du jeden Tag verdrückst, würden alle in deinem Bauch herumflattern. Spürst du so was, wenn du mit Sabrina alleine bist?«
»Ich war noch nie mit ihr allein.«
»Dann solltest du dich schleunigst mit ihr verabreden. Hast du ihre Nummer?«
»Ja«, sagt Tim dummerweise.
Denn kurz darauf hat Birgit das Telefon in der Hand und Sabrina am Apparat und sagt ihr, wo sie sich in einer Stunde mit Tim treffen kann. Total geschockt sitzt ihr Bruder auf dem Bett, kaut Lakritz und starrt seine Schwester an. Kein Wort kriegt er raus. Auch nicht, als seine Schwester aufgelegt hat.

»Also, in einer Stunde, um halb vier, weißt du, ob du in Sabrina verliebt bist. Oder sie in dich. Das kannst du daran merken, ob sie sich ganz anders benimmt als sonst. Alles klar?«

Erst nickt Tim. Dann schüttelt er den Kopf. Anschließend nickt er wieder.

»Keine Angst, es wird schon nichts Schlimmes passieren«, versucht Birgit ihn zu beruhigen. »Sabrina wird dir bestimmt nicht um den Hals fallen und dich küssen. Jedenfalls nicht direkt bei der Begrüßung.« Sie streicht ihm über den Kopf. »So, jetzt muss ich aber wirklich meine Hausaufgaben erledigen. Viel Glück!«

»Hmhm«, macht Tim, steht auf und geht aus dem Zimmer.

Die nächste Dreiviertelstunde verbringt er damit, ein Lakritz nach dem anderen zu futtern. Noch nie im Leben war er so nervös.

Gleich wird er sich mit Sabrina treffen. Vor dem Rathaus. Allein. Was für eine verrückte Idee von seiner Schwester!

Aber immerhin weiß Tim hinterher, ob er in Sabrina verknallt ist oder nicht. Darum macht er sich auch um zwanzig nach drei auf den Weg zum Rathaus, bewaffnet mit einer Riesentüte Lakritz.

»Na?«, zwitschert Sabrina fröhlich, als sie ihn näher kommen sieht. »Du bist ja richtig pünktlich!«

Nein, bei ihrem Anblick passiert nichts mit Tims Bauch. Dafür rast sein Herz drauflos wie verrückt. Und seine Knie zittern. Er hält Sabrina die Lakritztüte unter die Nase und fragt: »Auch ein Lakritz?«

»Nein, danke! Das ist nicht gut für die Zähne. Und auch nicht für die Verdauung. Weißt du, dass mein Vater Zahnarzt ist?«

Tim schüttelt den Kopf und steckt sich gleich drei Lakritzschmetterlinge in den Mund.

»Wo sollen wir denn hin?«, fragt Sabrina. »Deine Schwester hat gesagt, du würdest gerne mit mir spazieren gehen. Wieso eigentlich? Willst du mir einen Heiratsantrag machen? Ich weiß nicht, ob ich eine gute Ehefrau abgeben würde. Meine Mutter sagt, ich hätte eine viel zu spitze Zunge. Willst du sie mal sehen?«

Sabrina streckt ihm die Zunge heraus.

»Und? Sieht doch ganz normal aus, oder? Los, komm, gehen wir.«

Sie und Tim setzen sich in Bewegung.

Während sie durch die Straßen schlendern, steht Sabrinas Mundwerk keine Sekunde still. Das von Tim auch nicht –

allerdings nur deshalb, weil er ununterbrochen Lakritz futtert. Das Kauen hindert ihn am Reden, und das ist gut so. Tim wüsste nämlich gar nicht, was er sagen soll.
Erleichtert stellt er fest, dass sich Sabrina nicht anders verhält als auf dem Schulhof. Von Liebe also keine Spur. Und weil sich Tims Bauch nicht meldet, dürfte klar sein, dass er kein bisschen in Sabrina verknallt ist. Immer beschwingter werden seine Schritte. Ludwig wird staunen, wenn er morgen von Tim erfährt, dass er Sabrina nicht liebt!
Plötzlich bleibt Tim stehen und krümmt sich zusammen.
»Was ist?«, fragt Sabrina.
»Mein Bauch!«, ächzt Tim. »Er tut höllisch weh!«
Er geht in die Knie. »Hast du was Schlimmes gegessen?«, erkundigt sich Sabrina.
»Nur die Lakritz hier.« Tim lässt die halbleere Packung fallen. »Das ist die vierte Tüte heute.«
»Ach du Schande!« Sabrina geht neben ihm in die Hocke. »Die Schmetterlinge dürften deinem Dickdarm ziemlich viel Ärger machen.«
»Hä?«
»Hast du noch nie was von Verdauung gehört?«
Sie mustert ihn mit ernster Miene. Tim stockt der Atem. So hat Sabrina ihn noch nie angeschaut. So mitfühlend und besorgt. Warum macht sie keine Witze über die vielen Schmetterlinge in seinem Bauch? Auf ihrem Gesicht ist nicht mal das leiseste Grinsen zu sehen.

»Du bist ja ganz blass«, sagt sie und legt eine Hand auf seine Stirn. »Zeig mir mal deine Zunge!«
»Nein!«
»Nun mach schon!«, drängt Sabrina.
»Magst du mich?«
Die Frage überrascht Tim noch mehr als Sabrina, obwohl er sie selbst gestellt hat. Sie reißt die Augen auf.
»Magst du mich?«, wiederholt Tim eine Spur zaghafter.
»Ich habe Schmetterlinge im Bauch. Du auch?«

Sie kichert nicht. Sie verzieht keine Miene. Sie sagt nichts. Sie nickt nur.
Und dann passiert etwas, was Tim nur seinem Hamster erzählen wird. Denn der kann es nicht weitersagen.

Reiner Kunze

Warum sind Löwenzahnblüten gelb?

Warum sind Löwenzahnblüten gelb?
Das weiß jedes Kind.
Weil Löwenzahnblüten
Briefkästen sind.

Wer hat die Briefkästen aufgestellt?
Die grasgrüne Wiese.
Sie steckt in die Briefkästen
all ihre Grüße.

Wem werden die Grüße zugestellt?
Das weiß jedes Kind.
Briefträger sind
Biene und Wind.

Cornelia Funke
Salambos Kinder

Oma rief an, als Luisa an den Schularbeiten saß.
Luisa hielt den Hörer ein Stück von ihrem Ohr weg, weil Oma immer ins Telefon brüllte.
»Beeil dich, Süße!«, rief Oma. »Sie kommen!«
Da ließ Luisa den Hörer fallen und rannte los. Ohne den Füller zuzumachen, ohne sich die Jacke anzuziehen.
»Sie kommen!«, rief sie Mama zu, sprang in großen Sätzen die Treppe runter, schnappte sich ihr Fahrrad und raste davon. Völlig atemlos kam sie vor Omas Gartentor an.
Der Stall lag am Ende des Gartens, unter den hohen Holunderbüschen. Leise öffnete Luisa die Tür und schlich hinein.
Im Stall war alles anders als sonst. Ein Absperrgitter teilte die hintere Hälfte ab. In ihr drängten sich Omas wunderschöne Hennen. Furchtbar aufgeregt waren sie, hackten gegen den Draht, scharrten mit den Krallen im Stroh und gackerten so zornig, wie Luisa sie noch nie gehört hatte.
»Sie sind eifersüchtig«, sagte Oma, die neben der Tür im Stroh saß. Lächelnd zog sie Luisa zu sich auf den Schoß. Das tat sie immer, obwohl Luisa schon so groß war, dass sie ihr bis zum Busen reichte.

»Da, guck!« Oma zeigte auf ein Holznest, das im Stroh kaum zu erkennen war. Eine braune Henne saß darin, getrennt von allen andern. Es war Salambo, Luisas Lieblingshenne.

»Ist schon eins da?«, flüsterte Luisa.
Oma nickte und ging vorsichtig auf das Nest zu. Beruhigend streichelte sie Salambo die braunen Federn. Dann griff sie ins Nest und hob behutsam ein kleines zwitscherndes Etwas heraus.
Luisa hielt die Luft an.
Oma setzte ihr das Küken vorsichtig in die Hand. »Leg deine andere Hand wie eine Decke drüber. Du wirst sehen, dann wird es ganz ruhig.«
Luisa hatte immer geglaubt, alle Küken seien gelb, aber dies hier war braun gesprenkelt. Hektisch pickte es mit seinem winzigen Schnabel an Luisas Fingern, aber als sie ihre Hand über seine Flügelchen legte, wurde es ganz still – wie Oma gesagt hatte.

Wunderwunderschön fühlte das Küken sich an. Leicht und weich, als bestünde es nur aus Federn. Ein ganz bisschen feucht waren die Federn noch. Die Füßchen kitzelten Luisas Hand.
Sie lugte durch ihre Finger. Wie in einer Höhle saß das kleine Ding da und kuschelte sich in ihre Handfläche.

Oma ging zurück zum Nest, streichelte Salambo und sah nach den übrigen Eiern. »Na bitte«, sagte sie. »Da sind noch zwei geschlüpft. Ein geschecktes und ein weißes. Mal sehen, wer im letzten Ei steckt.«
Eins nach dem anderen hob Oma die Küken aus dem Nest und setzte sie ins Stroh. Wie aufgezogen fingen sie

an herumzutrippeln, piepsten und pickten, als wären sie schon seit vielen, vielen Tagen auf der Welt.
Die anderen Hennen starrten durch das Absperrgitter, als wollten sie die Küken auffressen. Immer wieder hackten sie gegen den Draht, scharrten und gackerten. Manche versuchten sogar ihre Köpfe durch die engen Maschen zu zwängen. Zwei kletterten die Leiter zu den Nestern hinauf, hüpften in die Holzkästen und rollten mit den Kalkeiern, die Oma immer hineintat, damit die Hennen ihre Eier dazulegten. Beunruhigt sah Luisa zu ihnen rüber.
»Tja. Können einem fast Leid tun, die Ärmsten«, seufzte Oma. »Sie hätten auch gern Küken, weißt du? Aber daraus wird nichts, ihr Lieben.«
Luisas Oma hatte nämlich keinen Hahn. Die Eier, die Salambo ausbrütete, hatte sie von einem Bauernhof geholt. Für Luisa. Damit sie mal sehen konnte, wie Küken schlüpfen.
»Lass deins jetzt auch ein bisschen laufen«, sagte Oma.
Vorsichtig setzte Luisa das Küken auf den Boden. Sobald sie die Hand wegnahm, flitzte es los. Piepsend und pickend.
Das letzte Küken schlüpfte eine halbe Stunde später. Es war pechschwarz.
Oma stellte Kükenfutter hin. Dann versorgte sie Salambo mit Wasser und Futter und setzte sie zu ihren Kindern ins Stroh. Richtig wackelig war die Henne noch auf

den Beinen. Schließlich hatte sie wochenlang auf den Eiern gehockt. Nur zum Fressen war sie aus dem Nest geklettert und auch das oft nur, wenn Oma sie heraushob. Als es draußen dunkel wurde, krochen die Küken unter Salambos Gefieder, bis nur noch vier kleine Köpfchen herausguckten. Luisa hätte stundenlang dasitzen und sie nur anschauen können. Aber Oma sagte, dass Salambo und ihre Kinder jetzt ein bisschen Ruhe brauchten. Die anderen Hennen hatten sich beruhigt und saßen leise gackernd auf ihren Stangen, die Köpfe im Gefieder. Da schlichen Oma und Luisa sich aus dem Stall.

»Kann ich morgen wiederkommen?«, fragte Luisa. »Gleich nach der Schule?«

»Sicher«, sagte Oma. »Du musst den Kleinen doch Namen geben.«

Und das tat Luisa. Das gescheckte Küken, das in ihrer Hand gesessen hatte, nannte sie Mia, das weiße Wölkchen, das schwarze Pips und das vierte Sophie, weil so ihre beste Freundin hieß.

Stefan Heym

Korax Korax

Genau in der Mitte des großen runden Teichs wuchs eine Wasserlilie, und genau in der Mitte ihres großen runden Blattes saß ein Frosch, der hieß mit Vornamen Korax und mit Nachnamen Korax, also Korax Korax. Korax Korax hatte einen dunklen Rücken und einen hellen Bauch, so daß man meinen könnte, er trüge eine weiße Weste wie unser Herr Bürgermeister bei feierlichen Gelegenheiten oder zu Neujahr. Zu beiden Seiten, rechts

und links seiner großen runden Augen, hatte der Frosch Korax Korax je einen runden goldenen Fleck, wie ihn nur ganz verdiente Frösche, die stets das Richtige gequakt haben, erhalten. Unsereiner trägt seine Orden und Ehrenzeichen auf der Brust oder am Band um den Hals, die Frösche jedoch hinter den Augen; darin unterscheiden sich die Menschen von den Fröschen, denn es muß ja auch Unterschiede geben.

Der Frosch Korax Korax saß also auf seinem Blatt und blickte in die Runde. Was für ein Tag war das! Die Sonne schien, und auf dem Wasser glitzerte es, und über dem Wasser schwirrten die Libellen und summten die Fliegen und surrten die Mücken, und wenn der Frosch Korax Korax nicht so satt und fett und träge gewesen wäre, er hätte nur einen Sprung zu machen brauchen, und schwapp wäre ihm der saftigste Braten ins Maul geflogen.

So aber blickte er um sich in der Runde und sagte: »Ach, wie ist die Welt wunderbar und zufriedenstellend eingerichtet! Soweit das Auge reicht, ein einziger Froschteich, und in der Mitte dieses Froschteichs mein großes rundes Blatt, und in der Mitte dieses Blattes ich – wahrlich, ich bin der Mittelpunkt der Welt, und ich irre wohl nicht, wenn ich annehme, daß die Welt für mich erschaffen wurde.«

Damit richtete er sich auf, holte tief Luft, daß es aussah, als wollte seine weiße Weste platzen, und rief:

»Quick Quack
Quaddel Paddel
Krook Kraaak
Quorax Korax –«

was soviel heißen will wie: »Alle mal herhören! Ich, Korax Korax, bin das wichtigste und mächtigste und prächtigste Wesen der Welt, und wer's bezweifelt, wird bestraft.«
Da kam die Haubenlerche angeflogen und hielt direkt über dem großen Blatt des Korax Korax an und flatterte mit den Flügeln und sagte: »Ich höre, du bist der Wichtigste und Mächtigste und Prächtigste. Stimmt das?«
»Ja, natürlich«, sagte der Frosch Korax Korax. »Siehst du nicht, daß ich der Mittelpunkt der Welt bin, um mich lauter schönes, schlammiges Wasser bis dorthin, wo's nicht weitergeht? Im Augenblick denke ich sogar daran, eine Weltgeschichte schreiben zu lassen, die alles umfaßt, vom Beginn der Schöpfung bis zu mir.«
Da flog die Haubenlerche in die Höhe, ganz hoch, der Sonne zu, bis sie nur noch ein Pünktchen war am Himmel, und sie trillerte und trällerte noch schöner und reiner als das Fräulein, welches bei uns am Stadttheater singt. Und dann kam sie zurück und flatterte wieder über dem großen Blatt und sagte zu dem Frosch Korax Korax: »Aber mir scheint, es gibt noch etwas jenseits des Teichs. Ich habe Felder gesehen und Bäume und einen

Fluß und Häuser und einen Kirchturm. Ich habe es deutlich gesehen.«

Der Frosch Korax Korax runzelte die Stirn, so daß seine beiden goldenen Flecke noch größer und runder erschienen als gewöhnlich, und erwiderte: »Wenn es deine Felder und Wiesen und Bäume und den Fluß und die Häuser und den Kirchturm und das alles gäbe, dann wäre ich ja nicht der Mittelpunkt der Welt. Da ich aber der Mittelpunkt der Welt und überhaupt der Wichtigste und Mächtigste und Prächtigste bin, hast du dich offensichtlich geirrt. Einfach so hinauffliegen, bis einer nur noch ein Pünktchen ist, und trillern und trällern ist eben eine unwissenschaftliche Methode.«

Da war die Haubenlerche ganz zerknirscht und war noch froh, daß ihr gestattet wurde, ein paar Mücken zu haschen. Der Frosch Korax Korax aber richtete sich noch höher auf und holte noch tiefer Atem, daß man wirklich dachte, jetzt platzt die Weste aber, und rief:

»Quoak Kroak
Quakel Kakel
Truut Traat
Thorax Korax –«

was soviel heißen will wie: »Alle mal herhören! Ich, Korax Korax, bin das weiseste Wesen der Welt und verstehe alles, und wer's bezweifelt, wird bestraft.«

Nun kam die Watschelente angeschwommen mit ihren

sechs Entlein und hielt direkt vor dem großen Blatt des Korax Korax an und schnatterte mit dem Schnabel und sagte: »Ich höre, du bist das weiseste Wesen der Weit und verstehst alles. Stimmt das?«
»Ja, natürlich«, sagte der Frosch Korax Korax. »Glaubst du, daß ich der Mittelpunkt der Welt wäre, um mich der ganze enorme Froschteich mit all seinen Fliegen und Mücken und Libellen, den Algen und Schlingpflanzen und Fischlein, wenn ich nicht in weiser Voraussicht alles so eingerichtet hätte? Sogar die Haubenlerche hat selbstkritisch erklären müssen, daß dem so ist. Im Augenblick ziehe ich in Betracht, auch euch Vögeln das Quaken beibringen zu lassen, damit wir eine einheitliche Sprachregelung haben. Mit deinen Entlein könnte man beginnen.«
Da schwamm die Watschelente mit ihren sechs Entlein bis zum Rand des großen runden Teichs, und als es nicht weiterging, watschelte sie bedächtig aufs Land hinauf und ihre sechs Entlein in einer Reihe hinter ihr her, daß man meinen mochte, es wäre unsere Frau Schneidereit vom Kindergarten um die Ecke, die Kinder über den Fahrdamm führt. Nach einer Welle jedoch kam die Watschelente mit ihren sechs Entlein zurückgeschwommen, hielt wieder vor dem großen Blatt an und sagte zu dem

Frosch Korax Korax: »Aber mir scheint, daß die Welt doch nicht zu Ende ist am Ende des Teichs. Ich bin selber hinaufgewatschelt aufs Land und meine sechs Entlein in einer Reihe hinter mir her, und wir haben mit eigenen Füßen gespürt, daß da Erdkrumen sind und Steinchen und Gräser und allerhand Kräuter und Gebüsch, und wir haben mit eigenen Schnäbeln probiert, wie das Entenkraut schmeckt.« Und das Entlein, das zuerst aus dem Ei gekrochen war, sagte: »Es schmeckt!« Und das Entlein, das als nächstes ausgekrochen war, sagte: »Es schmeckt!« Und dann sagten die andern Entlein, alle schön der Reihe nach: »Es schmeckt!« Und es war ein solches Geschnatter, daß der Frosch Korax Korax sein eigenes Wort nicht verstehen konnte.

Der Frosch Korax Korax schüttelte den Kopf, daß die goldenen Flecke neben seinen Augen nur so blitzten, und erwiderte: »Leider beweist das alles nur, daß ein Entengehirn ein Entengehirn ist und keinen Raum hat für höhere Dinge wie Philosophie und Logik. Seht ihr den großen runden Froschteich, in dem ihr schwimmt?«

»Ja«, sagte die Watschelente, und alle ihre sechs Entlein sagten »Ja«, daß es eine Freude war.

»Seht ihr das große runde Blatt genau in der Mitte des Teichs?« fragte der Frosch Korax Korax weiter.

»Ja«, antwortete die Watschelente, und ihre sechs Entlein sagten gleichfalls »Ja«, denn der Wahrheit muß man immer die Ehre geben.

»Und seht ihr«, fragte der Frosch Korax Korax schließlich, »daß ich genau in der Mitte des großen runden Blattes sitze, das sich genau in der Mitte des großen runden Teichs befindet?«
»Ja«, gab die Watschelente zu, und die sechs Entlein sagten auch »Ja«, denn sie sahen es tatsächlich.
»Also«, erklärte der Frosch Korax Korax, »wenn dem so ist, dann habt ihr euch offensichtlich geirrt, und all eure Erdkrumen und Steinchen und Gräser und das Gebüsch und das Entenkraut gibt es nur in eurem Entengehirn. Einfach so aufs Land gehen und mit den Füßen spüren und mit dem Schnabel probieren ist eben eine unwissenschaftliche Methode.«
»Aber wenn wir doch richtiges Entenkraut gefressen haben«, sagte das jüngste Entlein. Es sprach jedoch ganz leise und schüchtern, und die alte Watschelente sagte sofort: »Willst du wohl den Schnabel halten! Der Frosch Korax Korax hat recht, man muß konsequent sein, und je eher du das in deinen kleinen Entenkopf kriegst, desto besser.«
Da war das jüngste Entlein ganz zerknirscht und war noch froh, daß es ein paar Wasserflöhe haschen durfte. Der Frosch Korax Korax aber richtete sich so hoch auf, daß er beinahe aus dem Gleichgewicht kam, und pumpte sich die Brust so voll mit Luft, daß seine weiße Weste sicherlich geplatzt wäre, wäre sie nicht aus Froschhaut gewesen, die nicht platzen konnte, und er rief:

»Quäcks Kräcks
Treekel Ekel
Plaag Ploog
Rorax Korax –«

was soviel heißen will wie: »Alle mal herhören! Ich, Korax Korax, bin der Herr über alles, und alle sind mir untertan, und wer's bezweifelt, wird bestraft.«

Da kam ein Fröschlein vorbeigehüpft, das war noch sehr jung und mager und trug ein hellgrünes Röcklein und hatte nicht einmal einen Namen, geschweige denn zwei, und von goldenen Flecken neben den Augen konnte gar nicht die Rede sein.
»He, du!« rief der Frosch Korax Korax. »Wohin des Wegs so eilig? Wer bist du überhaupt? Warum bleibst du nicht stehen und nimmst gefälligst den Hut ab, wie sich's gehört? Weißt du nicht, daß du dich im Mittelpunkt der Welt befindest und daß ich der Wichtigste und Mächtigste und Prächtigste und das weiseste Wesen und überhaupt der Herr über alles bin?«

»Entschuldige, großer Korax Korax«, sagte das Fröschlein. »Wie du siehst, bin ich noch ganz hellgrün, und einen Namen habe ich auch nicht. Und da ich aus einer kinderreichen Familie komme, wir waren dreihundertdreiunddreißig kleine Frösche zu Hause, sind meine Eltern wohl nicht dazugekommen, mir beizubringen, daß die Welt einen Mittelpunkt hat.«
»Jetzt weißt du's jedenfalls«, antwortete der Frosch Korax Korax. »Daß mir das nicht noch mal vorkommt, diese Respektlosigkeit. Aber du scheinst mir ein ganz lebendiges Fröschlein zu sein, fix und behende. Ich werde dich zu meinem persönlichen Referenten machen, und du kannst mir die Mücken und Fliegen haschen und gelegentlich eine Libelle, und dann wirst du eine Weltgeschichte schreiben, die alles umfaßt, vom Beginn der Schöpfung bis zu mir, und du wirst den Vögeln das Quaken beibringen, damit wir eine einheitliche Sprachregelung haben.«

Das Fröschlein schwieg und schien sich's zu überlegen.
»Und wenn du hübsch gelehrig bist und brav machst, was dir gesagt wird, und immer nur quakst, was ich dir vorquake, dann steht dir die gesamte Froschlaufbahn offen, und wer weiß, eines Tages wirst du vielleicht auf meinem Blatt sitzen und der Mittelpunkt der Welt sein.«
Plötzlich kam der Peter und watete quer durch den Teich, direkt auf das große runde Blatt zu, in dessen Mitte der Frosch Korax Korax saß. Das Fröschlein, das keinen Namen hatte, hüpfte plitsch, platsch davon, und die Watschelente mit ihren sechs Entlein schwamm plitsch, platsch ins Schilf, und die Haubenlerche stieg hoch in die Luft, ganz hoch, bis sie nur noch ein Pünktchen war am Himmel.
Der Frosch Korax Korax aber richtete sich zu voller Größe auf und holte tief Luft und rief:

»Quorax Rorax
Thorax Korax –«,

was soviel heißen sollte wie: »Ich, Korax Korax, bin der Mittelpunkt der Welt –«
Weiter kam er nicht, denn schwupps hatte der Peter ihn gegriffen und in den Sack gesteckt, und nur das große runde Blatt, auf dem der Frosch Korax Korax gesessen hatte, schaukelte noch ein wenig.
Der Peter aber brachte ihn nach Hause und steckte ihn in eins von Mutters runden Einweckgläsern, mit etwas

Moos und Wasser am Boden, und da sitzt der Frosch Korax Korax nun, genau in der Mitte seht ihr ihn, mit dem dunklen Rücken und der weißen Brust und den zwei goldenen Flecken rechts und links neben den Augen – immer noch der Mittelpunkt der Welt: Doch wie klein ist seine Welt jetzt, nicht größer als ein Einweckglas!

Quellenverzeichnis

Marliese Arold: *Der Mohnschnupfen.* Aus: Leselöwen-Frühlingsgeschichten © 1999 by Loewe Verlag GmbH, Bindlach

Martin Auer: *März* © beim Autor

Martin Baltscheit: *Frühlingsbär und Winterbiene* © beim Autor

Christian Bieniek: *Schmetterlinge im Bauch* © beim Autor

Cornelia Funke: *Salambos Kinder.* Aus: Leselöwen-Tiergeschichten © 1997 by Loewe Verlag GmbH, Bindlach

Josef Guggenmos: *Vom Igel, der Hunger hatte* © beim Autor

Sigrid Heuck: *Palmkätzchen* © bei der Autorin

Stefan Heym: *Korax Korax* © beim Autor

Janosch: *Hasenfutter eins zwei drei.* Aus: Ach, du liebes Hasenbüchlein © 1981 Janosch. Erschienen im Deutschen Taschenbuch Verlag, München

KNISTER: *Der April auf Reisen* © beim Autor

James Krüss: *Das Oster-Abc.* Aus: Der wohltemperierte Leierkasten. © James Krüss, 1961. Erschienen im C. Bertelsmann Jugendbuch Verlag, ein Unternehmen der Verlagsgruppe Random House

Reiner Kunze: *Warum sind Löwenzahnblüten gelb?* Aus: Der Löwe Leopold © S. Fischer Verlag GmbH, Frankfurt am Main 1970

Norbert Landa: *Das Ostertier.* Aus: Leselöwen-Osterhasengeschichten © 1991, 1998 by Loewe Verlag GmbH, Bindlach

Astrid Lindgren: *Ich bekomme ein Lämmchen.* Aus: Immer lustig in Bullerbü © Verlag Friedrich Oetinger, Hamburg 1988

Sabine Ludwig: *Fanny fängt den Frühling* © bei der Autorin

Ingrid Noll: *Unsichtbar.* Aus: Hans-Joachim Gelberg (Hrsg.): Oder die Entdeckung der Welt © 1997 Beltz Ver-

lag, Weinheim und Basel, Programm Beltz & Gelberg, Weinheim

Christine Nöstlinger: *Hugos Hühner.* Aus: Geschichten für Kinder in den besten Jahren © 1986 Beltz Verlag, Weinheim und Basel, Programm Beltz & Gelberg, Weinheim

Patricia Schröder: *Ei(n)erlei* © bei der Autorin

Jürg Schubiger: *Ein Bärenjahr.* Aus: Wo ist das Meer © 2000 Beltz Verlag, Weinheim und Basel, Programm Beltz & Gelberg, Weinheim

Ingrid Uebe: *Weidenkätzchen.* Aus: Leselöwen-Frühlingsgeschichten © 1987 by Loewe Verlag GmbH, Bindlach

Elisabeth Zöller: *Was Ostern ist* © bei der Autorin

Rolf Zuckowski (Text und Musik): *Jetzt kommt die Osterzeit* © MUSIK FÜR DICH Rolf Zuckowski OHG, Hamburg